¡Sssssshhhhhhhhhhh!

Haz del teatro algo íntimo

Llévalo siempre en el bolsillo

Cubierta y diseño editorial: Éride, Diseño Gráfico
Dirección editorial: ángel jiménez
Imagen de cubierta: Elisa Forcano

Primera edición: enero, 2024

los prodigios
© Noelia Pérez
© VdB, 2024
Espronceda, 5
28003 Madrid

VdB®

ISBN: 978-84-19850-32-4
Depósito Legal: M-1357-2024
Diseño y preimpresión: Éride, Diseño Gráfico

Este libro protege el entorno

los prodigios

Noelia Pérez
(1993, Madrid)

Doctoranda en estudios teatrales (UCM). Graduada en Interpretación en Teatro de Texto en la Real Escuela Superior de Arte Dramático (RESAD). Graduada en Filosofía y en el Máster en Teatro y Artes Escénicas (UCM). Cursa el MA Collaborative Theatre Making en Rose Bruford College, Londres.

Fundadora y directora de Evogía. Realizó sus prácticas como ayudante de dirección en Atenas con ATTIS Theatre, con Savvas Stroumpos. Ha recibido la beca como residente de Ayudantía de dirección en el Teatro Español (2022), donde posteriormente ha trabajado como ayudante de dirección en la Lecturas Italianas.

Sus trabajos destacados como directora son: *Escarcha*, *Life on Mars*, *La gala* y *Paradoja de la incertidumbre* finalistas en el Certamen de Jóvenes Creadores de la Comunidad de Madrid. Asi como *THALATTA*, *Firmamento*, *Romeo y Julieta*, *Estrellas cruzadas* (Festival IMPARABLES) y *El Skriker*. Dirige y versiona, *Las Amazonas* (Festival Iberoamericano de Clásicos en Álcala 2022). *Los prodigios*, se estrenó en el Festival Clásicos en Alcalá bajo el programa AUREO, con funciones en Teatros del Canal. Su último proyecto, *La granja*, versiona *Rebelión en la granja*, de Orwell, ha recibido la ayuda PIAD de 21 Distritos.

NOELIA PÉREZ

los prodigios

A partir de la obra
Los tres mayores prodigios
de
Calderón de la Barca

Esta obra se estrenó el 23 de junio de 2023, en el Corral de Comedias de Alcalá de Henares, Madrid, en el marco del XXII Festival Iberoamericano del Siglo de Oro Clásicos en Alcalá, interpretada por
Javier Mira (PALES, SABAÑÓN, ARIADNA, FLORO),
Alba Pineda (FLORA, MEDEA, LIDORO, NARCISA),
Melissa Skrobiszewska (NOCHE, REY DE COLCOS, PANTUFLO, DEYANIRA),
Carlos Manrique (HÉRCULES, FRISO, MINOS, DÉDALO),
Víctor Meléndez (JASÓN, FEDRA, SOLDADO, LICAS, NESO),
Mercedes de Miguel (TESEO, ASTREA, SALVAJE, CLARÍN)
e Irene Camacho (FAUNA, FLABIO).

Dirección: Noelia Pérez.

Personajes

Pales, Ninfa.
Flora, Ninfa.
Fauna, Ninfa
La Noche.
Jasón
Teseo
Hércules
Jornada I
Jasón
El Rey de Colcos / Máster
Friso
Sabañon
Medea
Astrea
Salvaje

Teseo
Minos / Máster
Pantuflo
Flabio
Lidoro
Ariadna
Fedra
Dédalo
Jornada III
Hércules
Neso
Floro / Máster
Clarín
Lícas
Deyanira
Narcisa

Los prodigios es una obra de teatro interactiva. Se leerá siguiendo las instrucciones según la opción que se elija. Tal y como ocurre en los libros de «elije tu propia aventura». Esta versión ha sido posible a partir del trabajo de investigación con el elenco y parte del equipo artístico de Evogía.

FAUNA   Buenas noches, va a comenzar el espectáculo muy pronto. Ahora mismo soy las palabras de quien escribe esto. Voy a ser vuestra sombra para guiaros en algunos momentos. Voy a tener diferentes formas y voces. Y voy a hacer que vuestra voz sea consecuencia de otros. Esto es un espectáculo inmersivo, a veces, vamos a necesitaros para que toméis decisiones, elijáis caminos que recorrer con vuestros héroes. No haréis nada que no queráis y velaremos por que todas las personas estéis cómodas. No hay nada que temer, por ahora. Una noche como hoy, una noche de San Juan, se estrenaba en los jardines del Palacio del Buen Retiro « *Los tres mayores prodigios*», de Calderón de la Barca. Esto hace muchos años, en 1636. En esos mismos jardines había tres teatros, Calderón concibió un gran show para la corte.

PALES   Noche hermosa, que con solo
        un lucero resplandeces
        más que el día con el sol.

FLORA   Noche apacible y alegre,
        luciente honor del ocaso,   5
        noble injuria del oriente.

PALES	A cuyos soplos suaves	
FLORA	A cuyos suspiros leves	
PALES	Rejuvenecen los montes	
FLORA	Los valles rejuvenecen	10
PALES	Hoy toca solemnizar	
FLORA	Hoy celebrar pertenece	
PALES	Escucha mis dulces voces	
FLORA	A mis acentos atiende	
PALES	Por amorosos,	
FLORA	Por tiernos	15
PALES	Por amantes	
FLORA	Por corteses.	
NOCHE	¡Buenas noches para todas, ya vengo desde mi albergue para que el gran espectáculo y sus sorpresas comiencen! Se viene una fiesta que no os dejará indiferentes.	20
PALES	¿Prevenida hay fiesta?	

NOCHE   Sí.

FLORA   ¿Qué fiesta es?

NOCHE   La que siempre:
               una comedia.

PALES   ¿Hala escrito   25
               algún ingenio excelente?

NOCHE   No, sino pobre y humilde.

PALES   Pues buena fiesta previenes.
               Refiérenos de qué trata.

FLORA   Repítenos qué contiene.   30

NOCHE   Hoy vienen a divertirse
               al programa tres valientes
               héroes con una misión
               que ahora tienen pendiente.
               Tú, el público resuelves   35
               y tú decides qué ocurre
               en los momentos candentes.
               Escuchad pues su argumento,
               antes que se represente.
               ¡Ahí vienen! Bienvenidos,   40
               teneros es una suerte.

HÉRCULES   Dejadme dar la muerte.

JASÓN   ¡Repara!

TESEO	¡Considera!
JASÓN	¡Mira!
TESEO	¡Advierte!

HÉRCULES   Dejad, que mi despecho,
en ira, en rabia y en furor deshecho,
con los dientes, las manos y los brazos, 45
el corazón sacándome a pedazos,
hoy la vida me quite,
o que al mar desde aquí me precipite,
porque a tanta estatura
sólo el mar es bastante sepultura. 50

TESEO   Ay, Hércules, que hay ocasión, no creo,
para tanto furor.

HÉRCULES   ¡Ay, gran Teseo!
ay, gran Jasón, cuyos valientes bríos
bien acredita el ser amigos míos,
ay amigos leales 55
¡hoy se ha llenado el número a mis males!

NOCHE   Hércules, ¿qué te ha pasado?
cuéntanos tranquilamente.

HÉRCULES   Deyanira, al pronunciarla,
o se hiela, o enmudece 60
el labio, falta la voz,
duda el alma, el pecho teme.
Deyanira, esposa mía,

a quien como al alma quiere
el alma, porque es mi esposa   65
y mi dama juntamente.
Un centauro, cuyo nombre
Neso[1] ha sido, de mi albergue
la ha robado –¡ay, infelice!–.
Y es que estos centauros tienen   70
por patria el mar y la tierra;
y si con ella transciende
los montes, es imposible
seguirle; si pasar quiere
a esotra parte del mundo   75
por esos mares, no puede
mi furia alcanzarle. Ved,
ved, si es desdicha bien fuerte,
pues hay mortal, que me agravie,
y no hay dioses, que me venguen.   80

TESEO   Hércules, no desconfíes
de la venganza. Si temes,
que las malezas incultas
humano pie no penetre,
yo me atrevo a entrar por ellas.   85
Las tierras que tú desees
registraré.

JASÓN   Pues si tú
el orbe a correr te atreves
por la tierra, yo me atrevo
sobre esas espumas leves   90

---

[1] Mitología griega. Famoso centauro. Rapta a Deyanira.

del mar a seguirle en Argos[2],
mi barco, que es excelente.

HÉRCULES   Pues si tres los ofendidos
somos, y tres partes tiene
el mundo, en ese caballo   95
tú corre el Asia, y tú en ese
hipogrifo de las ondas
pasa a Europa; que mi suerte
dice por ciertas noticias,
que yo en África me quede.   100

TESEO   Esa palabra te doy,
como me des solamente
de plazo un año.

JASÓN   Yo el mismo
pido, y desde aquí promete
mi valor dentro de un año   105
volver a este sitio a verte.
Y desto, Hércules, te doy
mano y palabra mil veces.

TESEO   Yo también.

HÉRCULES   Yo las acepto.
Júpiter con bien os lleve.   110

---

[2] Argos Panoptes: Gigante de cien ojos, que todo lo ve. / Ciudad griega del Peloponeso./ Argo nombre de la nave en la que viajaron Jasón y los argonautas, en honor a su constructor Argos.

NOCHE Dicho pues el argumento,
antes de irse, se esperen.
¿Con cuántas armas se irán
nuestros héroes valientes?
Nuestros héroes necesitan armas para sus aven-
turas; para que se las ganen, vamos a realizar
tres pequeñas pruebas que no conocen todavía. Tenemos una pistola para el vencedor, y
dos puñales para los otros dos. Esto va a de-
finir el resto de la comedia y cambiará el rum-
bo de la historia. ¡Vamos allá!

Prueba número uno: una prueba de destreza.
Nuestros héroes tienen que realizar una pirá-
mide de cartas en 30 segundos. El que más
cartas consiga poner en pie será el ganador de
esta prueba. El tiempo comienza en tres, dos,
uno, ¡ya!

(*Se realiza el juego durante 30 segundos, termina y comprueban quien ha realizado la pirámi-
de más alta.*)

Se acabó el tiempo, veamos cómo ha queda-
do. Tenemos un claro vencedor: es ....
¡Continuamos!

Prueba número dos: una prueba de ingenio.
Deberán responder con una palabra por tur-
no según la categoría que elijamos. Seguro
que os suena. El que se quede sin respuesta,
pierde. Gana quien más palabras conozca de
la categoría. Comenzamos por el ganador de

la anterior. Para sorprender a nuestros héroes vamos a necesitar vuestra ayuda proponiendo categorías. Por ejemplo, si la categoría fuera frutas, los héroes deberían decir (*Apunta a alguien del público con el micro para que conteste.*) Perfecto, lo habéis pillado. Vamos ahora con categorías, ¿con qué categorías os gustaría que jugáramos hoy?

(*Pregunta al público y le dice diferentes categorías, el máster elige una de ellas.*)

Bien, estupendo. Vamos con una de ellas. Y la categoría es: .... Recuerdo el orden: comienza el ganador de la anterior que es .... continúa .... y después .... Comenzamos en tres, dos uno, ¡ya!

(*Juegan con la categoría que haya escogido un espectador esa noche. Eliminan héroes según se queden sin respuesta. Cuando queda solo un héroe, continúan.*)

Y el ganador de esta prueba es ....
Si hay empate: Hay un claro empate entre .... y .... vamos a desempatar con la última prueba.
Si un héroe ha ganado las dos pruebas anteriores ya tenemos un ganador, pero… por un poquito más de diversión nos queda una última prueba, veamos, cómo se las apañan nuestros dos héroes.

Tercera prueba: una prueba de fuerza. Un randori. Esta prueba consiste en hacer que el contrincante toque su espalda contra el suelo. Repito, quien toque su espalda contra el suelo pierde.

Comenzamos en tres, dos, uno, ¡ya!
(*Hacen el randori, hasta que uno de los dos héroes toca su espalda contra el suelo o queda inmovilizado.*)
¡Bien! Y el ganador de esta prueba es ....
Hagamos recuento de puntos. JASÓN con ....
puntos. TESEO con ...., y HÉRCULES con
.... Se lleva la pistola .... Os lleváis
un puñal cada uno .... y ....
Ya podéis partir a vuestros continentes.
¡Un fuerte aplauso para ellos!

(*Se van de escenario con su arma correspondiente.*)

NOCHE	Esta división, que han hecho	115
	estos tres héroes valientes	
	de las tres partes del mundo,	
	adonde a los tres suceden	
	tres maravillas, en tres	
	fiteatros, por tres diferentes	120
	autores, son la Comedia,	
	que aquesta noche ha de verse.	
	Ayuda a tu favorito	
	para que primero llegue	
	a encontrar a Deyanira	125
	por estos tres continentes.	

PALES   Esta información os damos
quien más serviros pretende.

FLORA   Para que el prólogo acabe
y que la fiesta comience.   130

PALES   Jasón, Teseo y Hércules tienen una misión: encontrar a Deyanira. Cada uno la buscará en un lugar diferente. Van a aparecer obstáculos y nuevas misiones por el camino. Vais a tener un guía, un máster, en cada lugar que os ayudará a saber cuándo os necesitamos para decidir el destino de los personajes. Llegamos a Asia. Estamos a las puertas del templo de Marte, hemos llegado antes que Jasón. Vemos al rey de Colcos, y vuestra guía en esta aventura.

(*Aparece el* REY *de Colcos.*)

REY   ¡Bienvenidas a Colcos! Acabáis de llegar y, ¿qué veis ante vuestros ojos? Ahí está: el vellocino de oro. Valorado en unos cuatro millones de euros. Friso se lo ha ofrecido a un dios, nada más y nada menos al dios de la guerra: Marte. ¿Pero qué harían los mortales con ese dinero? ¡Ay, el dinero! De cuántas miserias nos sacaría, ¿verdad? ¿Se llevará alguien esta noche el vellocino? Dependerá de vuestras decisiones.

Jornada I
Escena 1

MÚSICA	Al templo altivo de Marte,
	en la grande isla de Colcos[3],
	hoy consagra un peregrino
	el vellocino de oro.

MEDEA
No es posible, que mi furia 135
sufra las voces que oigo.

ASTREA
Como es consagrado a Marte
este ameno sitio umbroso,
vendrán todos a su templo.

MEDEA
Eso lo que siento y lloro, 140
que, adonde mi culto tengo,
se acuerden de hacerle a otro,
diciendo las dulces voces
desos repetidos coros.

CORO
Al templo altivo de Marte, 145
en la grande isla de Colcos.

(*Sale todo el acompañamiento, y detrás el* REY *y* FRISO, *y delante del traen en una fuente el ve-llón de oro.*)

---

[3] Antiguo estado donde reinaba Eetes, padre de Medea.

Rey	Este es el templo de Marte,
	joven invicto y famoso,
	donde el cielo te ha traído
	revalidar el voto. 150
Friso	A todo he de acompañarte.
	Y yo agradecido a todo
	estaré, mientras que viva.
Medea	Detente, ignorante o loco.
	Quiero que sepas, que ofendes, 155
	aun cuando más religioso,
	mayor deidad, que veneras;
	pues cuando humilde y devoto
	a Marte ese vellocino
	sacrificas por despojo 160
	del mar, me ofendes a mí
	con el sacrificio propio.
Friso	Hermosísima Medea,
	aunque advertido conozco
	que el sacrificio te debo, 165
	en fe de lo cual me postro
	a tus pies, es imposible
	dejar de hacer venturoso
	este rendimiento a Marte
	que le ofrecí, escucha cómo: 170
	A Marte ofrecí el vellón,
	si, frustrando tanto estorbo,
	amparo me diese; y luego,
	vencido el mar proceloso,
	y puesto yugo a las ondas, 175
	puerto en tus estados tomo,

Donde el grande Rey, tu padre,
y tú, siendo generosos
me acogisteis, y por quien
tan grandes aplausos logro.   180
Mira, si al templo de Marte,
revalidando mi voto,
puedo dejar de ofrecer
el vellocino de oro.

REY   Y no dudes, que sea acepto   185
a su deidad tan precioso
don, aunque Medea, mi hija,
muestre de escucharte enojo.

Escena 2

MEDEA	¡Que esto escuche! ¡Que esto vea!	
	Por la boca, y por los ojos	190
	áspid soy, ponzoña vierto,	
	etna soy, llamas arrojo.	

ASTREA   Poca ocasión has tenido
para el despecho que noto.
¿Qué importa, que a Marte ofrezca   195
ese sagrado despojo?
¿Querrás, hermosa Medea,
capturar el vellón de oro
yendo en contra del dios Marte
y así salvarnos a todos?   200
¿O mejor aquí esperamos
se arrepienta y el honor
que te debe Friso vuelva?

MÁSTER   Vamos a probar qué tal se os da esto. En este momento, vamos a elegir a mano alzada. ¿Qué hacemos con Medea? ¿Trata de robar el vellocino y corre el riesgo de enfrentarse al dios Marte o es cauta y esperamos a que lo intente otro personaje?

Mecánica de decisión: Mano alzada

Decisión público: Si no va a por el vellocino, continua por el verso 204, la escena 2A.

Si trata de robar el vellocino, continua por la escena 2B.

Escena 2A

MEDEA	¿Por qué ha de llegar aquí	
	tan errado peregrino,	205
	que no me consagre a mí	
	el dorado vellocino,	
	y a Marte tremendo sí?	
	¿No le supiera ayudar	
	yo, mejor que él, en la guerra?	210
	¿No le supiera librar	
	de las tormentas del mar	
	y los riesgos de la tierra?	
ASTREA	¿Si fue voto, que ofreció	
	cuando no te conoció?	215
MEDEA	Que nunca el voto cumpliera	
	pues Marte no le ofendiera,	
	cuando le amparara yo.	
ASTREA	No desprecies con rigor	
	la deidad de Marte fuerte,	220
	que castigará tu error.	
	Que en Marte ofendes, advierte,	
	a Marte, Venus y Amor.	
MEDEA	Ni Marte con su poder,	
	ni con su hermosura pura	225
	Venus, ni Amor con su ser,	
	han de humillar ni vencer	

mi ser, poder y hermosura.
¿Qué hará Marte?

ASTREA   Ver postrada
tu fuerza.

MEDEA   ¿Y Venus?

ASTREA   Hacer   230
tu hermosura desdichada.

MEDEA   ¿Y Amor?

ASTREA   Que llegues a ver
tu altivez enamorada.

(*Dentro suena ruido de tiros y arma.*)

MEDEA   ¿Pero qué extraño ruïdo
es este?

ASTREA   Que te han oído   235
las tres deidades parece,
y que cada una se ofrece
ya al castigo merecido.

Sigue la historia:
Continúa por el verso 239, escena 3.

Escena 2B

El Coro *hará un ritual vellocino adorando al vellocino.* Medea *sube hasta el altar y cuando está a punto de tocar el vellocino, una fuerza la empuja y sale por los aires. Un fuerte estruendo suena.* Medea *está dañada.*

Sigue la historia:
Continúa por el verso 239, escena 3.

Escena 3

ASTREA   ¿Qué ha pasado ahí? ¿qué ha sido
ese alboroto que ha habido   240
dentro dese altivo templo?

MÁSTER   Un prodigio sin ejemplo
hasta ahora sucedido.
Pues dijo Marte divino:
«Lo acepto con gusto tanto,   245
que guardarle determino,
porque de mi templo santo
nunca falte el vellocino.»
Y para guarda de tal
tesoro, porque no intente   250
robarle ningún mortal,
puso en guarda una serpiente
y dos toros de metal.
Y un gran salvaje arrogante,
de verde hiedra cubierto,   255
a los tres puso delante,
porque con su vista espante,
discurriendo este desierto:
de manera, que no ignoro,
que, guardando este tesoro,   260
con todos ha de lidiar
el que intentare ganar
el vellocino de oro.

MEDEA ¡Mirad, si Marte temió
mi furia, pues que trató   265
de guardar y defender
de mi invencible poder
esa piel, que le ofreció
el náufrago peregrino!

Escena 4

FRISO	Pues así Marte divino,	270
	a mis fortunas atento,	
	aceptó el ofrecimiento	
	del dorado vellocino.	
	¡Fiestas a su nombre hagamos!	

(*Estando cantando, suena un clarín.*)

MEDEA	Esperad, que otro acento más errado	275
	segunda vez el viento ha suspendido.	

REY	¿Qué novedad te puede haber turbado,
	si de un clarín no más el eco ha sido?

MEDEA	Haber ese clarín dentro sonado	
	del mar, donde clarín jamás se ha oído;	280
	torcidos caracoles sí, que apenas	
	los inspiran tritones y sirenas.	

REY	Aguarda; que en las ondas se ha quedado.	
	Y de su vientre a tierra va escupiendo	
	de hombres ahora un escuadrón armado.	285
	Sin duda, que ofendido Marte horrendo	
	(*A* MEDEA.) contra ti aqueste ejército ha enviado.	

MEDEA	¿Qué importa, si soy yo quien os defiendo?
	No temáis; que yo sola le haré guerra.
	¡Todos, armas tomad!

JASÓN   ¡A tierra!

TODOS   ¡A tierra!   290

Escena 5

Sale JASÓN.

MEDEA   Hombres, hijos de la espuma,
que esa marítima bestia
sorbió, sin duda, en el mar,
para escupir en la tierra,
si a vengar venís acaso   295
aquella pasada ofensa,
que a Amor, a Venus y a Marte
ocasionó mi soberbia,
no esperéis más; que yo sola
con este arco y estas flechas,   300
primero, que del ingenio,
me he de valer de la fuerza.

JASÓN   Hermosa mujer, perdona,
si no he dicho deidad bella,
suspende el fuego a los ojos,   305
afloja al arco la cuerda,
y a tu imitación envaine
el acero su violencia;
que de paz vengo a tu patria.
No vengo, no, como piensas,   310
a vengar de ningún Dios
el deservicio o la queja.
El artífice excelente
de aquesta náutica ciencia

Argos se llama, y Argos   315
la nave también. En ella
hoy al Asia vengo, en busca
de un traidor, que hurtada lleva
del mayor amigo mío
la más estimada prenda;   320
que aunque no tuvo otra nave,
pues solo en el mundo hay esta,
pudo llegar hasta aquí,
fiado en sus disformes fuerzas.
Esta es mi venida, y esta   325
la causa, que me ha traído
a tus pies. Y porque sepa
qué clima vivo, y a quien,
por mujer o deidad, deba
tener en esta ocasión   330
rendimiento y obediencia,
dime tu nombre, y el nombre
desta isla. Y pues en ella
he de buscar generoso
al dueño de aquesta ofensa,   335
para vivir en tu patria
de paz, te pido licencia.

MEDEA   Este monte, a que has llegado,
es una región entera
del Asia, a quien hace sombra   340
del Cáucaso la grandeza;
llámese Colcos. Eetes,
en cuya augusta presencia
ahora asistes, es quien
su república gobierna.   345
Yo aquel pasmo soy del mundo,

aquel horror de las fieras,
escándalo de los hombres,
y de las deidades bellas
asombro; porque yo soy   350
la sabia y docta Medea.
De la astrología pasando
a la magia, el aura mesma
pautado libro es, que ocultos
secretos se manifiesta.   355
A cuyo estudio entregada
a cuyo desvelo atenta
es mi patria aqueste monte
y mi palacio esta selva.
En aquesta soledad   360
vivo siempre más contenta;
que hallarme hoy acompañada
de tantas gentes diversas,
ha sido acaso, porque
ese joven, que a esta tierra   365
vino, sacrificó a Marte
en ese templo, que ostenta
tanta variedad la piel,
en cuyas rubias guedejas
se dio el sol, hilado en copos,   370
rayo a rayo, y hebra a hebra.
Y porque yo me quejaba
de que sacrificio hiciera
a otra ninguna deidad,
quien me tuvo en su presencia,   375
pensé, que Marte ofendido
enviaba a hacerme guerra;
y esta es la causa por qué
nos pusimos en defensa.

JASÓN	Felice yo, que he llegado	380
	donde tu hermosura vea,	
	y donde esté humilde siempre,	
	(*Al* REY.) señor, a las plantas vuestras.	

REY	Levanta, Jasón, del suelo,	
	y a mis nobles brazos llega,	385
	que de tan heroico huésped	
	ya son merecida deuda.	
	No solo en mi patria quiero	
	que te hospedes y detengas,	
	pero contra tu enemigo,	390
	si acaso en ella le encuentras,	
	armas y favor te ofrezco.	

JASÓN	Mis brazos son la respuesta,	
	que a tales ofrecimientos	
	debo.	

REY	Venid donde vea	395
	mi corte, que nobles héroes	
	quiere el cielo que merezca.	

MEDEA	Eso no; que, pues están	
	hoy mis palacios más cerca,	
	quiero a honor de aquesta dicha,	400
	señor, si me das licencia,	
	que los que fueron horror	
	a los peregrinos, sean	
	hoy albergue, haciendo en ellos	
	saraos, convites y fiestas.	405

REY   ¡Gracias al cielo, que un día
tratable, Medea, te muestras!

FRISO   (*Aparte.*) ¡No vi más rara beldad
en mi vida!

JASÓN   (*Aparte.*)   Poco hicieran
sin belleza encantos, pues   410
el mayor es la belleza.

(*Vanse* FRISO, JASÓN *y Rey.*)

ASTREA   Albricias puedo pedirte
de ver desmentir las señas,
que en la venganza de Marte
Venus y Amor juzgan cierta.   415

MEDEA   Pues no me pidas albricias,
porque voy pensando, Astrea,
que Venus, Marte y Amor
de otra manera se vengan;
pues ya Marte en mis sentidos   420
ha introducido otra guerra,
Amor le ha prestado el fuego
para sus máquinas; quieran
los dioses, que no haga Venus
desdichada mi belleza.   425

(*Vanse.*)

Escena 6

Sacan a SABAÑÓN *mareado dos soldados. Vanse los dos, y vuelve* SABAÑÓN *en sí.*

SABAÑÓN   ¡Válgame, Júpiter santo,
y qué notable tormenta,
que vamos corriendo! El cielo
todo se anda dando vueltas.
¿Ando o navego? Que yo,   430
como si tomado hubiera
tabaco en humo, así estoy
borracho de la cabeza.
Mas un tanto cuanto ya
cobrado, si es que las señas   435
deste sitio advierto, estoy
en tierra; sin duda a ella
mis compañeros me echaron
por muerto ¿Qué tierra es esta?
Hacia allí me iré, supuesto   440
que hallar piedad será fuerza
en sus vecinos.

SALVAJE   O tú,
que a aquestos umbrales llegas
osadamente…

SABAÑÓN   No llego
yo, sino usada.

SALVAJE   Si intentas   445
                del vellocino de oro
                llevar la rubia madeja
                por trofeo, y eso es
                a lo que vienes, ¿qué esperas?

SABAÑÓN   ¿Qué rubia madeja de oro,   450
                (*Aparte.*) dioses míos, será esta?
                Mas si dice, que a qué espero,
                si acaso vengo por ella,
                y es en fin de oro, yo quiero
                llevarla. Aquesa es mi empresa,   455
                la rubia madeja de oro
                tengo que llevar.

SALVAJE   Pues llega;
                que ya la escamada sierpe,
                que en guarda suya está puesta,
                se desenrosca del tronco,   460
                vibra el cuello, el pecho inhiesta
                y las dos alas sacude.

SABAÑÓN   Y diga usted, ¿no pudiera
                volverme por donde vine,
                sin que tocara, ni viera   465
                la rubia madeja de oro?
                Que tiene alianza hecha
                mi casa con toda sierpe,
                y no puedo entrar con ellas
                en batalla.

SALVAJE   Entrarás pues,   470
                si la sierpe te respeta,

con los toros de metal;
que a esto venías, y es fuerza
hacer batalla.

SABAÑÓN   ¿Y si yo
              no tengo batallas hechas?   475

SALVAJE   Bien se ve que eres cobarde.

SABAÑÓN   Concedo la consecuencia.

MÁSTER   Sabañón, ese vellocino de oro te está miran-
              do, ¿cuántas cosas te podrías comprar si fue-
              ras rico? Tan cerca y a la vez tan lejos… Esa
              puertas está preparada para cualquier movi-
              miento que hagas, vamos a elegir qué hace Sa-
              bañón: ¿se lanza a por el vellocino pensando
              en tu futuro lleno de riquezas o vela por tu
              vida y sigue buscando a tu amigo Jasón para
              contárselo? Ahora sí: votemos a mano alzada:
              ¿quién vota que vaya a por el vellocino?, y
              ¿quién vota por que no vaya y siga buscando
              a Jasón?

              Mecánica de decisión: A mano alzada.

              Decisión público: Si decide intentarlo, el SAL-
              VAJE y él luchan. El SALVAJE gana la pelea. Y
              continúa por la escena 6 A, por el verso 478
              Si decide irse, continúa por la escena 6 A, por
              el verso 481 sin luchar.

Escena 6 A

El salvaje y SABAÑÓN *luchan cuerpo a cuerpo.*
El salvaje gana la pelea.

SALVAJE   ¡Vete de aquí!

SABAÑÓN   Vaya usted,
pues esta es la vez primera
que me han dicho a mí, que huya.   480

SALVAJE   ¡Qué cobardía tan necia!

(*Vase.*)

SABAÑÓN   ¡Qué discreta cobardía!
¿Por qué quién hay que se meta
entre sierpes, ni entre toros,
si, cuando hay circo de fieras,   485
desde dentro de mi casa
aún tengo miedo a las fiestas?

Escena 7

Sale ASTREA.

ASTREA   ¿Quién sois, soldado?

SABAÑÓN   Seré
quien vos quisiereis que sea.

ASTREA   ¿Sois criado de Jasón?   490

SABAÑÓN   ¡Gracias a Dios, que hallo nuevas
ya de Jasón! Sí, señora.

ASTREA   Pues estéis en hora buena.

SABAÑÓN   A linda tierra he llegado.

ASTREA   ¿En qué lo veis? Mas, espera: 495
¿cómo os llamáis?

SABAÑÓN   Sabañón;
porque como a costa ajena
la mitad del año.

ASTREA   Pues
por esa apacible selva
Jasón fue a cazar; buscadle,   500
y decidle que Medea…

SABAÑÓN   Me… ¿qué?

ASTREA   Medea

SABAÑÓN   Eso es malo.
               ¿Luego es aquesta la selva
               de una grande encantadora,
               que allá la fama nos cuenta?   505

ASTREA   La misma.

SABAÑÓN   Ya son mejores
               los salvajes, que las hembras.
               ¿Y es verdad, señora, que es…?

ASTREA   ¿Qué?

SABAÑÓN   ¿Grandísima hechicera?

ASTREA   Sí.

SABAÑÓN   No me espanto; que allá   510
               también hay algunas viejas,
               que hacen sus habilidades.

ASTREA   Y diréisle al fin, que venga
               a su jardín esta tarde,
               que ha de haber una academia,   515
               con que quiere divertirle.

SABAÑÓN   Yo no sé bien esta tierra,
               y no sé dónde he de hallarle.

ASTREA   No importa que no la sepas;
que yo haré, que por el aire   520
vayas.

SABAÑÓN   Quien la tierra yerra,
mejor el aire errará.

ASTREA   La nube sabe la senda.

SABAÑÓN   Yo no me sé tener bien
en nubes.

ASTREA   No te detengas;   525
que importa que vayas presto.

SABAÑÓN   Yo iré, como me concedas,
que me vaya por mi pie,
y no por nubes ajenas.

Escena 8

Sale MEDEA.

MEDEA	¡Ay, Astrea, que no sé	530
	qué letargo, qué furor,	
	qué ansia, qué pena, qué ardor	
	este que me aflige fue!	
	Si letargo, ¿cómo hablé?	
	Si furor, ¿cómo sin ira?	535
	Si ansia, ¿cómo se admira?	
	Si pena, ¿cómo apacible?	
	Si ardor, ¿cómo arde insufrible,	
	y la llama no se mira?	
ASTREA	La llama de tus enojos,	540
	que ya la he visto, sospecho.	
MEDEA	Dime, ¿dónde está?	
ASTREA	En el pecho.	
MEDEA	¿En qué la ves?	
ASTREA	En los ojos.	
MEDEA	Lágrimas son los despojos	
	de mis ojos; pues si llego	545
	a ver, que en llanto me anego,	

¿Cómo tu discurso fragua
ver el fuego por el agua,
cuando el agua dice fuego?
Bien te quisiera ocultar,   550
que mi pecho el tronco fue,
que arde y llora; mas ¿por qué
la voz te lo ha de negar,
si te lo ha de confesar
el silencio? Yo rendí   555
mi altivez desde que vi
a ese joven extranjero,
que, venciendo el monstruo fiero
del mar, tomó tierra aquí.

ASTREA   Dos los huéspedes han sido,   560
que a esta tierra el mar ha echado,
dos los que ese imperio helado
han sujetado y vencido:
¿Cuál es el que ha merecido
esa dicha, ese blasón?   565

MEDEA   Si dos los huéspedes son,
presto el que quiero sabrás;
el que favorezca mas
esta tarde mi afición.

Escena 9

Salen todos los personajes.

FRISO	Una dama me avisó.	570
JASÓN	Un criado dijo ahora.	
FRISO	que mandábades, señora, que viniese a veros yo.	
JASÓN	que viniese, me mandó, a veros, que mi sentido queda al miraros perdido.	575
FRISO	Luego de vuestros agrados ya somos dos los llamados.	
JASÓN	Y ninguno el escogido.	
MEDEA	Yo a los dos mandé llamaros, porque en esta verde esfera donde siempre es primavera, yo, que os ofrecí hospedaros, quiero a los dos festejaros. En una pregunta quiero empezar tan lisonjero festín.	580 585

FRISO   (*Aparte.*)   ¡Quién a ella supiera
responder!

JASÓN   (*Aparte.*)   ¡Quién ahora fuera
en tus ciencias el primero!

MEDEA   ¡Friso!

FRISO   Mal en este día   590
empiezas, si yo he de ser
el que te ha de responder.

MEDEA   Tomad esta banda mía.

(*Le da una banda.*)

FRISO   El iris, que desafía
a colores todo el Mayo,   595
y el sol padezcan desmayo,
al ver, que aqueste arrebol
compite al iris y al sol,
rosa a rosa, y rayo a rayo.

ASTREA   (*Aparte.*) Sin duda, que a Friso ha sido   600
a quien favorece.

JASÓN   (*Aparte.*)   ¡Cielos!
¿Antes que haya amor, hay celos?

MEDEA   Vos, Jasón…

JASÓN   (*Aparte.*)   ¡Estoy perdido!

MEDEA	Dadme esa banda que os pido.

JASÓN   A ser la eclíptica bella,   605
patria del sol, pues en ella
siempre está, a esos pies rendida,
de vos se viera excedida (*Dásela.*)
luz a luz, y estrella a estrella.

MEDEA   A Friso una banda he dado,   610
y de Jasón recibido
otra; si hubiera querido
manifestar yo un cuidado,
dentro del alma guardado
¿Cuál de los dos ahora fuera   615
(responded) el que estuviera
favorecido de mí?

FRISO   ¿Pues tiene duda, que aquí
yo el favorecido fuera?

JASÓN   Duda tiene; porque yo   620
soy solo el favorecido.

ASTREA   Quien la banda ha recibido
es quien el favor gozó.

SABAÑÓN   ¿No es tal, sino el que la dio?

JASÓN   Ya, más favor sin provecho;   625
pues para el mío, sospecho,
que el lugar desocupó
si el que en mi mano se vio,
se mira ahora en su pecho.

FRISO	El dar es ilustre acción,	630
	acción baja el recibir;	
	y pues quiso prevenir	
	darme a mí en esta ocasión	
	y tomar de ti, en razón	
	fundo, que su gran belleza	635
	me honra a mí, pues con grandeza	
	quiso, que obligue a su lustre	
	yo a hacer una acción ilustre,	
	y tú a hacer una bajeza.	
JASÓN	Si es bajeza el recibir,	640
	y es ilustre acción el dar,	
	en eso puedo fundar,	
	que me quiso preferir	
	pues al llegar yo a advertir,	
	que he dado, y tú has recibido,	645
	verme a mí airoso ha querido,	
	y a ti no: luego ya en esto	
	al que deja más bien puesto,	
	deja más favorecido.	
FRISO	Eso no puede ser.	
JASÓN	¿No?	650
FRISO	No; que yo no consintiera,	
	que de otro ninguno fuera	
	dueño de quien fuera yo.	

(Se levantan.)

JASÓN	Ninguno lo consintió,	
	e infinitos lo han llorado	655
	sin que lo hayan estorbado.	

FRISO   Cuando aqueso a ser llegara,
yo sé, que yo lo estorbara.

JASÓN   No siendo yo interesado.

MEDEA   ¿Cómo habláis los dos así?   660
Duelos del ingenio no
el acero los lidió.

FRISO   ¡Pluguiera al cielo que sí!

JASÓN   ¡Mejor me estuviera a mí!

FRISO   Eso dudo.

JASÓN   Esotro ignoro.   665

MEDEA   ¿Así ofendéis mi decoro?
Argüir y disputar
no es reñir, ni conquistar
el vellocino de oro.

MÁSTER   Es el momento de elegir, ¿quién irá a robar
del templo el ansiado vellocino? ¿Friso se arre-
pentirá de lo que ha hecho e irá por el amor
de Medea? ¿Medea misma irá a por el vellocino retando la furia de Marte de nuevo? O,
¿será Jasón quién confíe en la causa de Medea
y lo robe para ella? Vais a votar con vuestros

aplausos. El personaje por el que hagáis más ruido irá a por el vellocino.

Mecánica de decisión:
Aplausómetro. Van personaje por personaje y él público aplaude. El personaje que reciba más aplausos (ruido) irá a por el vellocino.

Decisión público:
- Si va JASÓN, continúa por el verso 670 Escena 9A
- Si va FRISO, continúa por el verso 710 escena 9B
- Si va MEDEA sola, continua por el verso 735 escena 9C

Escena 9.A

JASÓN	Pues porque veas, que yo	670
	mejor, que argumento, lidio,	
	ya que esto no es conquistar	
	el dorado vellocino	
	lo será ir por él y verle	
	hoy a tus plantas rendido	675
	quitándosele animoso	
	de su roble a Marte mismo.	
	Perdón, Hércules, ahora.	

FRISO	Yo a esa empresa no te sigo,	
	porque yo se lo di a Marte	680
	y nunca lo que doy quito,	
	pero si tú lo conquistas,	
	en público desafío	
	te lo quitaré yo a ti.	

JASÓN	Tú, que sabes el camino (*A* SABAÑÓN.)	685
	del templo, llévame allá;	
	que tú solo has de ir conmigo.	

SABAÑÓN   Señor, ya se me ha olvidado.

(*Vase.*)

MEDEA   Mira, Jasón…

JASÓN   Nada miro.

MEDEA   Que te atreves...

JASÓN   Poco importa.   690

MEDEA   A mucho.

JASÓN   Más es mi brío.

MEDEA   Advierte.

JASÓN   ¿Qué he de advertir?

MEDEA   que en tu vida arriesgas.

JASÓN   Dilo.

MEDEA   La mía.

JASÓN   Con eso me obligas
a más, por lo que te estimo.   695

MEDEA   ¡Ay de mí! ¿Qué es lo que escucho?
¡Ay de mí! ¿Qué es lo que miro?
Habiendo sido Jasón
(ya poco importa decirlo)
tirano de mis potencias   700
y dueño de mi albedrío,
daréle ayuda, daréle
favor. ¿Para cuándo han sido
mis estudios? ¿Para cuándo
mis portentos y prodigios?   705
Dadme, dioses infernales,
palabras, yerbas y hechizos,

que esas fieras adormezcan,
que venzan esos vestigios.

(*Le da la pócima a* JASÓN. *Vanse.*)

Sigue la historia:
Continúa por el verso 763 Escena 10A

Escena 9B

Friso	Pues porque veas, que yo	710
	me muestro aquí arrepentido,	
	ya que esto no es conquistar	
	el dorado vellocino	
	lo será ir por él y verle	
	hoy a tus plantas rendido	715
	quitándosele animoso	
	de su roble a Marte mismo	
	y dándoselo a Medea.	

Friso
> Pues porque veas, que yo 710
> me muestro aquí arrepentido,
> ya que esto no es conquistar
> el dorado vellocino
> lo será ir por él y verle
> hoy a tus plantas rendido 715
> quitándosele animoso
> de su roble a Marte mismo
> y dándoselo a Medea.

Medea
> Así lo agradezco, Friso
> más señas de amor te doy 720
> cuando vea el vellocino.

Friso
> Con esa esperanza parto.

Jasón
> Tú, que sabes el camino (*A* Sabañón.)
> del templo, llévame allá;
> que tú solo has de ir conmigo. 725

Sabañón
> Señor, ya se me ha olvidado.

> (*Vanse.*)

Medea
> Daréle ayuda, darele
> favor. ¿Para cuándo han sido
> mis estudios? ¿Para cuándo
> mis portentos y prodigios? 730

Dadme, dioses infernales,
palabras, yerbas y hechizos,
que esas fieras adormezcan,
que venzan esos vestigios.

(*Le da la pócima a* FRISO. *Vanse.*)

Sigue la historia:
Continúa por el verso 778 Escena 10B

Escena 9C

MEDEA	Iré yo; porque yo soy	735
	la sabia y docta Medea,	
	a cuyo mágico estudio	
	son caracteres y letras	
	en la campaña las flores,	
	y en el cielo las estrellas.	740
	La nigromancia examino	
	en cadáveres, que encierra	
	el centro, cuando a mi voz	
	los esqueletos despiertan.	
	La piromancia, que en fuego	745
	ejecutó su violencia,	
	me escribe en papeles de humo	
	varias cifras con centellas.	
	A mis mágicos conjuros	
	todos los infiernos tiemblan;	750
	y sus espíritus tristes,	
	sus lóbregas sombras negras,	
	sus profundos calabozos,	
	oprimidos de la fuerza	
	del encanto, a mis preguntas	755
	dan equívocas respuestas.	

(*Vanse todxs.*)

JASÓN   Tú, que sabes el camino (*A* SABAÑÓN.)
del templo, llévame allá;
que tú solo has de ir conmigo.

SABAÑÓN	Señor, ya se me ha olvidado.	760

(Vanse.)

MEDEA   Eso es, ¿Para cuándo han sido
mis estudios? ¿Para cuándo
mis portentos y prodigios?
Dadme, dioses infernales,
palabras, yerbas y hechizos,   765
que esas fieras adormezcan,
que venzan esos vestigios.

*(Se hace una pócima para ella misma vencer a
los toros y la sierpe.)*

Sigue la historia:
Continúa por el verso 797, escena 10C

Escena 10 A

Salen JASÓN *y* SABAÑÓN

SABAÑÓN   Tú no debes de saber
a lo que te has atrevido.

JASÓN   ¿Puede ser más que a postrar   770
terribles monstruos esquivos
que le guardan?

SABAÑÓN   ¿Y eso es poco?
¡Ay, señor! Este es el sitio.

JASÓN   ¡Bárbara guarda del monte,
que corres este distrito!   775

SALVAJE   ¿Qué me quieres?

JASÓN   Que desates
esos disformes y altivos
monstruos, que con esta espada
y este escudo he de rendirlos.

SALVAJE   ¡Entra pues! ¿Qué esperas? Entra   780
dentro dese breve circo,
donde ya los toros braman.

(*Entran al templo.*)

Sigue la historia:
Continúa por el verso 832 Escena 12A

Escena 10.B

FRISO   Yo no debo de saber
             a lo que me he atrevido.

SALVAJE   ¿Qué me quieres?

FRISO   Que me dejes   785
             entrar al templo bendito
             donde tendré que enfrentarme
             a dos toros y rendirlos.

SALVAJE   Dime tu nombre primero.

FRISO   Ya sabes mi nombre, es Friso.   790

SALVAJE   ¿Te atreves a retirar
             lo que pusiste tú mismo?
             La ofrenda que diste a Marte
             se va a quedar en su sitio.

FRISO   Esto lo hago por Medea   795
             mi valor vaya conmigo.

SALVAJE   Porque los dos no miremos
             sin reñir tal desafío,
             riñamos los dos.

FRISO   ¿Los dos
             reñir siendo tan amigos?   800

SALVAJE   ¿Amigos los dos?

FRISO   ¿Pues no?

(Mientras se pelean, el salvaje está distraído y se cuelan SABAÑÓN *y* JASÓN.*)*

MÁSTER   Así termina la pelea entre Friso y esta puertas. Parece que durante la pelea alguien se ha colado, veamos quienes son.

Sigue la historia:
Si gana FRISO, ve al verso 809, escena 11B se encuentra con JASÓN.

Escena 10 C

Se enfrenta al salvaje de la puerta.

MEDEA   Tú pues que, con tanto riesgo   802
al mayor monstruo te enfrentas,
tocas de aquestos umbrales
lo sagrado. Bien se deja   805
conocer, de cuan escasas
ofrendas vienes a esta,
pues que no me has conocido.

(Le lanza un hechizo y pasa. Se cuelan JASÓN *y* SA-
BAÑÓN *detrás aprovechando que sigue aturdido.)*

MÁSTER   Parece que durante el hechizo alguien se ha
colado, veamos quienes son.

Sigue la historia:
Continúa por el verso 819, escena 11C

Escena 11B

Se encuentran en el templo JASÓN *y* FRISO

FRISO	¿Qué es esto, dioses, qué miro? ¿Tú cómo has entrado aquí?

810

JASÓN   Aparta de mi camino.

FRISO   No. Conquistaré a Medea
solo si yo lo consigo.
Por favor, no me hagas daño.

JASÓN   No te preocupes, tranquilo,   815
que en las manos de Medea
terminará el vellocino.

SABAÑÓN   ¿Esto qué es?, ¿una pócima?

(*Luchan,* JASÓN *le quita la pócima a* FRISO *si la
tiene encima,* FRISO *le da una puñalada a* JASÓN
por la espalda que le deja herido.)

Sigue la historia:
Continúa por el verso 837, Escena 12A

Escena 11C

Se encuentran en el templo JASÓN *y* MEDEA. *Partitura de movimiento entre* JASÓN *y* MEDEA, *donde se encuentran y se enamoran.* JASÓN *va a dar un beso a* MEDEA *y ella se aparta sibilinamente.*

JASÓN   Ya que esto no es conquistar
             el dorado vellocino   820
             lo será ir por él y verle
             hoy a tus plantas rendido
             quitándosele animoso
             del su roble a Marte mismo;
             que aunque no es esta aventura   825
             la empresa que solicito,
             lugar se hará para todo
             después mi valor invicto.
             Perdona, Hércules, ahora.

MEDEA   Mira, Jasón…

JASÓN   Nada miro.   830

MEDEA   Que te atreves.

JASÓN   Poco importa.

MEDEA   A mucho.

JASÓN   Mas es mi brío.

MEDEA   Advierte.

JASÓN   ¿Qué he de advertir?

MEDEA   Que en tu vida arriesgas…

JASÓN   Dilo.

MEDEA   La mía.

JASÓN   Con eso me obligas   835
a más, por lo que te estimo.

MÁSTER   Medea y Jasón, Jasón y Medea, encontrados
por la flecha de cupido en plena discoteca.
¿Quién va finalmente a por el vellocino? Esto
va a determinar notablemente el final de esta
historia, corren el riesgo de enfrentarse a los
toros y la sierpe. ¿Medea continua su camino
y va sola a por su objetivo? O, ¿se adelantará
Jasón para proteger a Medea e irá el solo? O
¿Irán los dos juntos? Vamos a decidirlo.

Mecánica de decisión:
Aplausómetro.

Decisión público:
• Va JASÓN solo, ve al verso 837, a la escena
  12A

- Van juntos MEDEA y JASÓN, ve al verso 848, a la escena 12B
- Va MEDEA sola, ve al verso 856, a la escena 12C

MÁSTER   Y el resultado es.............. Veamos qué ocurre.

Escena 12 A

JASÓN   Ven, no te quedes atrás,
              Sabañón, entra conmigo.

              (*Sube a al altar.*)

SABAÑÓN   Soy ya muy grande, señor,
              yo para andarme a novillos;   840
              y bien sin lacayo ir puedes
              pues rejones no he traído.

JASÓN   No importa, solo entraré;
              mi valor vaya conmigo.

MÁSTER   Jasón entra solo, y sube   845
              hasta el altar decidido.

MÁSTER   Veamos qué tiene JASÓN para combatir a las
              bestias. Allí se encuentra con los dos toros de
              metal. JASÓN tiene la pócima, ¡menos mal! La
              podrá usar contra ellos. (JASÓN *lanza la póci-
              ma a los toros de fuego.*) Jasón se va a enfren-
              tar a la sierpe. Veamos cómo va a luchar con-
              tra ella, esto depende del arma que consiguió
              en el prólogo, ¿cuál es?

Mecánica:

Comprobar cuál es el arma que ha ganado en las pruebas de la LOA. Existen varias opciones:

- Consiguió la pistola
- Consiguió el puñal y hemos seguido la historia por las escenas 9A o 9C
- Consiguió el puñal y hemos seguido la historia por las escenas 9B y ha sido herido por la puñalada de FRISO en la escena 11B

JASÓN tiene la pistola/ el puñal, todavía puede conseguirlo.

Sigue la historia:

- Si JASÓN lleva la pistola o el puñal y no está herido, continúa por el verso 861, escena 13A
- Si JASÓN ha luchado herido por la puñalada de FRISO continúa por el verso 901, escena 13B

Escena 12 B

MEDEA   Juntos podremos mejor,
    ven, Jasón, entra conmigo.

(Suben a al altar los dos.)

MÁSTER   Jasón y Medea suben hasta el altar. Allí se en-
    cuentra con los dos toros de metal. Veamos
    qué tienen para combatir a las bestias. Medea
    tiene la pócima, ¡menos mal! La podrá usar
    contra ellos. (MEDEA *derrota a los toros con la*
    pócima.) Jasón se va a enfrentar a la sierpe.
    Veamos cómo va a luchar contra ella, esto de-
    pende del arma que consiguió en el prólogo,
    ¿cuál es? (*Ver.*) Jasón tiene la pistola/el puñal,
    todavía puede conseguirlo.

*(*JASÓN *derrota a la sierpe cuerpo a cuerpo o con*
pistola.)*

REY   ¿Pues cómo, cómo os dejáis   855
    vencer, monstruos atrevidos
    de Marte, de ningún hombre?

VOCES   (*Dentro.*) Medea nos ha vencido.

REY   Esta traición de Medea
    iré publicando a gritos.   860

(*Vase.*)

Sigue la historia:
Continúa por el verso 861, escena 13A

Escena 12 C

MEDEA   No importa, sola entraré;
(*Suben al altar* MEDEA.)
mi valor vaya conmigo.

MÁSTER   Medea entra sola, y sube
al altar con decisión.

MÁSTER   Allí se encuentra con los dos toros de metal.
¿Qué tiene Medea contra ellos? ¡Perfecto, lleva consigo una pócima! (*Lanza la pócima y vence a los toros.*) Medea se va a enfrentar a la sierpe. Veamos cómo va a luchar contra ella, ¿qué tiene? Nada.

(MEDEA *lucha cuerpo a cuerpo contra la serpiente y muere.*)

VOCES   (*Dentro.*) Medea ha fallecido.   865

Sigue la historia:
Continúa por el verso 906, Escena 13C

Escena 13 A

Sale JASÓN *con la cabeza de la sierpe y el vello-cino.*

SABAÑÓN	Don de mata sierpes[4] tiene	876
	Jasón.	

JASÓN	Aunque hubieras sido,	
	verde serpiente, la fiera,	
	que guarda el profundo abismo,	
	a mi mano hubieras muerto.	870
	Ya el dorado vellocino	
	es tuyo, Medea.	

MEDEA   (*Dentro.*)   ¡Ay de mí!

JASÓN   ¡Qué lastimoso suspiro!

SABAÑÓN   ¿Aún no habemos acabado?

(*Sale* MEDEA.)

MEDEA	Valiente Jasón invicto,	875
	pues de un peligro guardé	
	tu vida, de otro peligro	
	guarda la mía.	

---

[4] Serpiente o culebra de gran tamaño.

JASÓN   ¿Qué es esto?

MEDEA   Mi padre, al ver que te libro
               destas furias con mi encanto,   880
               habiendo el rigor temido
               de Marte, contra mí viene,
               con Friso también, y han sido
               exhortados de las voces
               de aquel bárbaro ministro.   885

JASÓN   ¿Qué importa, si te defiendo
               yo, y si te vienes conmigo
               volviendo a fiar al mar
               ese veloz edificio?

               (*Dentro el* REY *y* FRISO.)

REY   Aquí Jasón y Medea   890
               están.

FRISO   ¡Matadlos!

REY   ¡Seguidlos!

MEDEA   Todos vienen contra mí;
               más podrá el ingenio mío
               hacer que todos confusos
               peleen contra sí mismos.   895

               (*Salen todos riñendo sin ver a* JASÓN.)

FRISO   Escuadras la tierra aborta.

Rey	¡Qué confusión!
Salvaje	¡Qué delirio!
Rey	Tú eres Jasón.
Salvaje	Tú lo eres.
Sabañón	¡Quién tal borrachera ha visto!
Jasón	En tanto que ellos pelean (A Medea.) 900 ven a ese imperio de vidrio.

(*Vanse* Jasón *y* Medea.)

Friso	Aquí dándonos la muerte, mientras que Jasón invicto lleva a la hermosa Medea, y ha librado el vellocino. 905
Máster	Y los ganadores del vellocino son efectivamente: Medea y Jasón, ¡un fuerte aplauso para ellos! ¿Qué harás con vellocino ahora, Medea? Nos vamos a comprar un chalet en Benidorm. ¡Guau! Eso no es lo que espera. Un momento. Me comentan por pinganillo que aún tenemos dos héroes más viajando a dos lugares del mundo. ¿Qué habrá sido de ellos? Aquí llega nuestro guía en Europa, ¡veamos cómo va!

Fin de la primera jornada.

Escena 13 B

Muere JASÓN

REY	Fallece Jasón invicto.	906
	En la soledad de Colcos	
	fábrica hierbas y hechizos	
	llora la hermosa Medea,	
	no consigue el vellocino.	910

MÁSTER   Aquí termina la historia. Nunca sabremos qué hubiera hecho Medea con el vellocino, quizá repartirlos entre los humanos. Quizá guardarlo para que nadie lo ansíe y compartir su magia y amor por la naturaleza. Lo que sí sabemos es que los habitantes de Colcos se siguen dejando llevar por la ambición. Hacen cultos a Marte, que les hace entrar en guerra unos con otros, siempre por oro y tierras. Siempre haciendo que estén tristes e insatisfechos.

Medea sucumbe y entrar a trabajar en el templo por las noches para poder pagarse un piso. Vende sus trucos, echa las cartas por unos pocos dinerillos. Ya no adora la naturaleza porque puede venderla. Sueña cada noche con conseguir el vellocino, no para terminar con Marte si no para ir a la moda. Y, pierde nuestro querido Jasón esta fase, ¡lo sentimos mucho, Jasón! Menos mal que aún tenemos dos héroes más viajando a dos lugares del mundo. Aquí llega nuestro guía en Europa, ¡veamos cómo va!

Fin de la primera jornada.

Escena 13 C

Muere MEDEA

MÁSTER   Ella dándose la muerte,   911
           mientras que Jasón invicto
           llora a la hermosa Medea,
           no consigue el vellocino.

           Aquí termina la historia. Nunca sabremos qué
           hubiera hecho Medea con el vellocino, quizá
           repartirlos entre los humanos. Quizá guardar-
           lo para que nadie lo ansíe y compartir su magia
           y amor por la naturaleza. Lo que sí sabemos es
           que los habitantes de Colcos se siguen dejando
           llevar por la ambición. Hacen cultos a Marte,
           que les hace entrar en guerra unos con otros,
           siempre por oro y tierras. Siempre haciendo que
           estén tristes e insatisfechos. Medea está cerca
           del dios Helios, su abuelo. Y nunca llegó a ma-
           tar a sus hijos. Algo bueno tenía que tener… Ja-
           són podía haber encontrado el amor, ¡otra vez
           será! pero todavía tiene una misión: ayudar a
           Hércules a encontrar a Deyanira, y tenemos a
           otros dos héroes por el resto del mundo. Aquí
           llega nuestro guía en Europa, ¡veamos cómo va!

           Fin de la primera jornada.

Jornada II
Escena 0

MÁSTER   Sí que ha estado interesante por allí, ¡cómo un
vellocino puede causar tanto revuelo! Llegamos
a Europa, concretamente a la isla de Creta. En
este lugar, sucede algo un tanto peculiar:

El generoso Rey Minos, –ese soy yo–   915
que hoy en estas islas reina,
casó con Pasifae, hija
de Artemidoro de Grecia.
Pasifae, lo diga pues
desenfrenada y resuelta   920
no sé cómo lo pronuncie:
De sus entrañas revienta,
medio toro y medio hombre
un monstruo, cuya fiereza
fue castigo, siendo aborto;   925
que hay delitos de manera,
que ellos mismos se castigan,
aun con el fruto, que engendran.
Minos, viendo el monstruoso
parto, y a Pasifae muerta,   930
creyendo, advertido tarde,
que aquel de los dioses era
castigo, no se atrevió
a matarle; y así ordena
solo ocultarle. Para esto   935

con recato y advertencia,
mandó a Dédalo, un supremo
artífice, que le hiciera
una fábrica, de donde
eternamente pudiera   940
salir, construyendo viva
sepultura a una honra muerta.
Dédalo ingenioso entonces
hizo de solo madera
una oscura horrible casa,   945
donde apenas el sol entra.
A cuyo intrincado espacio,
a cuya fabrica ciega
la fama le ha dado nombre
de el Laberinto de Creta.   950
Aquí encerró al Minotauro,
donde sólo se sustenta
de carne humana. Tributos
que en todo el reino sentencian
a muerte, en vez de sacarlos   955
de la cárcel a que mueran,
hoy a morir a la cárcel
los traen. Y porque no tenga
falta de alimento nunca,
habiendo Minos a Atenas   960
sujetado, por tributo
impuso, que le trajeran
cada año cientos de humanos
sorteados, para que sean
pasto humano deste monstruo,   965
vianda viva desta fiera.
Estos en el Laberinto

sin armas algunas entran,
tres o cuatro cada día,
y él mata al que antes encuentra.   970

Estos son los tributos condenados a entrar al laberinto, ¡saludadles! En nuestra estancia por Europa, vuestra misión será hacer que entre en el laberinto el menor número de tributos posible. Aquí, seguiréis tomando decisiones, pero cuidado, según lo que elijáis podréis salvar o condenar más tributos. Cuantos más tributos salvéis, más recompensas conseguiréis para la prueba final: el laberinto. Teseo está al llegar. Hace una mañana estupenda para que Ariadna y Fedra se den un baño, lástima que sean damas del siglo de oro y no puedan salir, parece que están haciendo algo prohibido.

Escena 1

Suena un rugido de un oso.

ARIADNA   ¿No hay favor, cielos piadosos
             para una infelice?

FEDRA   ¡Eternas
             deidades, dadnos amparo!

TESEO   No temáis, deidades bellas,
             ningún peligro; pues yo   970
             estoy en defensa vuestra.

FEDRA   ¡Ay de mí!

PANTUFLO   Bellas deidades,
             temed muy en hora buena;
             que muy bien hacéis, supuesto
             que estoy yo en vuestra defensa.   975

             (*Salen huyendo* ARIADNA, FEDRA *y detrás* TE-
             SEO, *envainando la espada, y* PANTUFLO.)

ARIADNA   A ampararnos al castillo
             vámonos corriendo, Fedra.

TESEO   Hermosísimos prodigios,
             no temáis desa manera,

pues, o mal, o tarde, o nunca   980
supo temer la belleza.
Ya el oso, ya el torpe aborto
de aquesas desnudas peñas,
que sediento a los cristales
bajó, en que estábades, queda   985
revolcándose en su sangre
sobre la manchada yerba.

PANTUFLO Y como que queda el oso
como un atún; y lo prueba,
que yo no me voy; pues si él   990
no quedara, yo me fuera.

ARIADNA ¿Quién sois? que en esta ocasión
quieren los cielos, que os deban
las vidas estas dos damas,
rescatadas por la fuerza   995
de vuestro acero de aquel
animal, que con fiereza
nos amenazó. Decidlo,
si ya no queréis que entienda,
que sois socorro enviado   1000
de alguna deidad suprema,
que generosa tomó
nuestras vidas por su cuenta.

TESEO Bellísimas damas, no
es vana vuestra sospecha;   1005
pues bien creo, que el mayor
dios, que sobre todos reina,
me envió a favoreceros.
Amor fue de aquesta empresa

absoluto dueño; pues 1010
como de sus flechas llega
a esta isla, que es corona
de tantas y tan diversas,
como el mar mediterráneo
en su archipiélago encierra, 1015
en busca de un hombre vengo;
mal dije, que es una fiera,
por ser un hombre, que acaso
hizo la naturaleza.
Con esta demanda pues 1020
he de andar Europa entera,
hasta que otro amigo y yo
demos a África la vuelta.
Este soy. Merezca ahora
saber quién sois, porque sepa 1025
yo, qué segundo respeto
a vuestro lustre se deba,
ya que el primero ignoré,
que debí a vuestra belleza.

FEDRA   Valiente, cortés, galán 1030
peregrino, que a esta tierra
vinisteis por nuestra dicha
esta es la isla de Creta,
en quien, lleno de victorias,
hoy el Rey Minos gobierna. 1035
En esta quinta, esta casa
lejos de donde el sol vea
vivimos las dos, no sé
si festejadas, o presas;
pues aquí encerradas.

(*Dentro* LIDORO *y soldados.*)

VOCES	¡Corre!	1040

LIDORO   A lo más inculto entra
del monte tras ellos, y antes
los mates, que se defiendan.

ARIADNA   No podemos esperar;
¡adiós, señor! porque es fuerza,   1045
que cualquiera, que aquí llegue,
con vos nos halle y nos vea.

FEDRA   El cielo os pague el favor.

ARIADNA   Y no el amor os atreva
a seguirnos, forastero;   1050
porque si entráis estas puertas,
tenéis pena de la vida.

(*Vanse.*)

PANTUFLO   Señor, ¿qué cosas son estas?

TESEO   ¿Puedo acaso saber yo,
Pantuflo, más que tú dellas?   1055
¡Esas voces!

LIDORO   (*Dentro.*)   ¡Dadlos muerte
antes de entrar por las puertas!

PANTUFLO   El demonio te metió
en venir desta manera,

trayéndome a mí contigo,   1060
condenado a ancas ajenas.
Pero señor, ¿qué nos toca
hacer ahora?

Escena 2

Sale FLABIO *y otra persona, atadas las manos atrás, huyendo. Irá una persona del público guiada por* FLABIO.

FLAVIO   Si las señas
de noble, que no es posible
que en vos, siendo tantas, mientan,   1065
a dar favor os obligan
a un infeliz….

PANTUFLO   ¿Mas qué intenta
aqueste: que a su mujer
busquemos también?

FLAVIO   Merezca
vuestro amparo; honor y vida   1070
me importa que no me prendan
los que me siguen. Si acaso
por aquesta parte llegan,
responded, que no me visteis,
mientras yo por la maleza   1075
deste monte hallo una gruta
que me sirva de defensa.

(*Vase.*)

PANTUFLO   Señor, dime, ¿qué es aquesto?

TESEO ¿A quién lo preguntas?

PANTUFLO   Deja
      que te lo pregunte a ti,   1080
      por mi consuelo siquiera,
      y no respondas.

Escena 3

Salen LIDORO *y soldados.*

LIDORO   Decidme,
caballero, si por esta
parte, por dicha, ¿unos presos,
que atadas las manos llevan,   1085
han huido?

PANTUFLO   Si llevaran
los pies atados, no huyeran.

TESEO   Por esta parte ninguno
pasó.

PANTUFLO   Sí hizo.

LIDORO   (*Aparte.*)   Buena cuenta
daré a Minos del tributo,   1090
que a Creta traigo de Atenas.
Dos son los que solamente
huyeron.

PANTUFLO   Pues uno era
el que pasó por aquí.

TESEO   ¿No digo, que calles, bestia?   1095

PANTUFLO   ¿Qué criado lo que dice
           su amo hace?

LIDORO   (*Aparte.*)   A grande afrenta
           voy dispuesto.

SOLDADO   Remediarla
           antes de llegar a verla.

LIDORO   ¿Cómo?

SOLDADO   ¿No son extranjeros   1100
           estos dos, que a mirar llegas?

LIDORO   Ya te he entendido; el consejo
           apruebo, y tomarle es fuerza.

TESEO   ¿Pues, señor, qué ha sido aquesto
           si es posible que merezca   1105
           saberlo? Por divertirle (*Aparte.*)
           meter pláticas quisiera.

SOLDADO   Daré, por asegurarle,
           a sus preguntas respuesta.

LIDORO   Para lo que yo he de hacer, *Aparte.*) 1110
           estad vosotros alerta.
           Yo, general capitán
           de Minos, por si en defensa
           Atenas se me ponía,
           por el tributo fui a Atenas,   1115
           pues quebrando las prisiones
           de la amarrada cadena

faltan dos, si será justo,
que a los dos (ya es tiempo) prenda,
(*Abrázanse por detrás con ellos, y les quitan las*
espadas.)
para que así aseguremos   1120
nuestras vidas con las vuestras.

MÁSTER   A Lidoro le faltan los dos tributos que han huido. Teseo y Pantuflo pueden delatarles y sal-
varse a sí mismos o decir que no saben nada
y protegerles a ellos, ¿les dicen por dónde se
han ido? ¿Qué hacen? Vamos a votar entre
todxs. Pulgar abajo, les delatan y se protegen
a sí mismos. Pulgar hacia arriba, callan y así
les protegen. Votemos a la de tres: una, dos,
tres. Genial, la mayoría ha decidido que ....
Así me gusta, veamos qué ocurre.

Mecánica de decisión:
Pulgar hacia arriba o hacia abajo.

Decisión público:
- Si TESEO y PANTUFLO no les dicen por dónde se han ido, continua por el verso 2025,
  escena 3A.
- Si TESEO y PANTUFLO les dicen por dónde se
  han ido, continua por el verso 2039, escena
  3B.

Escena 3A

TESEO ¡Cobardes, traidores!

PANTUFLO ¿Cómo 1125
los hablas desa manera?

TESEO Las armas me habéis quitado;
que a mirarme yo con ellas…

PANTUFLO La mía poco importaba
tenerlas, o no tenerlas. 1130

LIDORO Llevadlos así, y ponedlos
entre los otros.

PANTUFLO Adviertan
vuesas mercedes, que vamos
buscando de tierra en tierra
una mujer de un amigo, 1135
que importa no nos detengan.

TESEO ¡Ay, cielos!

LIDORO Venid

PANTUFLO ¿Adónde?

LIDORO Al Laberinto de Creta.

(*Llévenlos.*)

MÁSTER   Los soldados no encuentran al tributo que había huido. Habéis salvado a un tributo de haber entrado al laberinto, ¡enhorabuena! Lástima que ahora vayan dos: Teseo y Pantuflo, secuestrados por Lidoro. Vais con el resto de tributos.

Sigue la historia:
Continúa por el verso 1153, escena 4

Escena 3B

TESEO   ¡Cobardes, traidores!

PANTUFLO   ¿Cómo
          los hablas desa manera?   1140

TESEO   Las armas me habéis quitado;
          que a mirarme yo con ellas…

PANTUFLO Ahora que lo recuerdo:
          ¡Allá! Que estas son las señas

LIDORO   Llevadlos así, y ponedlos   1145
          entre los otros.

PANTUFLO   Adviertan
          ustedes: serán mejor
          los tributos de esta tierra.
          Los dos por allí se fueron,
          que importa que esos detengan.   1150

LIDORO   Que vengan todos.

PANTUFLO   ¿Adónde?

LIDORO   Al Laberinto de Creta.

MÁSTER Los soldados encuentran a uno de los tributos que habían huido gracias a sus señas. Entra un tributo más al Laberinto, ¡bienvenidx!
Teseo y Pantuflo también entran secuestrados
por Lidoro. Vais con el resto de tributos.

Sigue la historia:
Continúa por el verso 1153, escena 4

Escena 4

Sale el Rey Minos

MINOS   Haga alto aquí la gente;   1153
porque antes que en la corte entrar intente
con los ricos despojos,   1155
que traigo destas lides, a los ojos
quiero llegar ahora
de Ariadna y Fedra, a quien el alma adora
mi amor, pues con tan lícitas finezas
padre y amante soy de sus bellezas.   1160

Escena 5

Salen ARIADNA *y* FEDRA.

ARIADNA   ¡Mil veces victorioso,
                aplaudido, contento y venturoso,
                a honrar tu patria, y a ilustrarla vengas!

FEDRA   ¡Mil veces, o señor, felice tengas
                las merecidas glorias,   1165
                que eterno te coronan de victorias!

                (*Sale* LIDORO.)

MINOS   ¡Oh Lidoro, tú seas bien hallado!
                ¿Cómo te fue en Atenas? ¿hate dado
                el tributo, que impuse en sus almenas?

LIDORO   Obediente, señor, la grande Atenas   1170
                el tributo te envía,
                porque yo fui, y en grande atención mía
                hasta aquí le he traído,
                sin que un hombre me falte, aunque han
                                        [querido
                en muchas ocasiones   1175
                romper esos esclavos las prisiones.

                (*Sale el resto de tributos, y detrás* TESEO Y PAN-
                TUFLO.)

Escena 6

LIDORO   Id, cautivos, pasando,
              y las rodillas ante el rey doblando,
              y ante Ariadna y Fedra, mis señoras;
              que es merced ver un sol con dos
                                 [auroras.   1180

TESEO   ¿Habrá en el mundo alguna,
              que pueda compararse a mi fortuna?

PANTUFLO   ¿Pues no, señor? La mía,
              que es ni menos, ni más en este día.

ARIADNA   Fedra, ¿qué es lo que veo?   1185

              (*Aparte la dos.*)

FEDRA   Yo, Ariadna, lo dudo aunque lo creo.

ARIADNA   ¿No es aquel joven el que nos ha dado
              vida a las dos?

FEDRA   Él es, y su criado
              es el otro.

ARIADNA   ¿Qué es esto?
              ¿Quién a los dos en tal rigor ha puesto? 1190

FEDRA   No sé.

ARIADNA   Decir quisiera,
que las dos le debemos…

FEDRA   Considera,
que licencia las dos nunca tuvimos
de salir de la torre en que vivimos,
y que será culparnos el liballe.   1195

ARIADNA   ¿Permitirá mi amor, que sufra y calle
viendo al que me ha librado
de la muerte a la muerte condenado?

LIDORO   Pasad, no os detengáis.

TESEO   ¿No son aquellas   (*Aparte a él.*)
Pantuflo, aquellas dos deidades bellas   1200
que socorrí?

PANTUFLO   No puedes engañarte.

MÁSTER   ¿Alguien quiere confesar algo? Hay mucho
cuchicheo. ¿Qué harán? ¿Confiesan? ¿Conocéis el dilema del prisionero?: Dos personas
son arrestadas e interrogadas individualmen-
te. En el interrogatorio, pueden ocurrir varias
cosas: si uno delata a su compañero y el otro
calla, el otro es condenado. Si los dos delatan,
ambos comparten la pena. Si los dos callan los
dos se salvan. Es una prueba de confianza en
lo que va a hacer el otro. No pueden saber uno
qué decisión va a tomar el otro. Hay que decidir el destino de estas dos personas hoy. De
esta decisión va a depender si salváis o añadís

más tributos al laberinto y si podéis ser vo-
sotrxs o no. ¿Cuál será la mejor opción para
conseguir vuestro objetivo?

¿Qué hace Teseo?

Confiesa que salvó la vida a Ariadna y Fedra
en el bosque. Recordad que esto, salir de casa,
para ellas era algo prohibido. O calla, protege
de nuevo las vidas de Ariadna y Fedra.

¿Qué hace Ariadna?

Confiesa que Teseo salvó sus vidas, recono-
ciendo que desobedecieron al rey, su padre.
O calla, y se protegen de un castigo.

Vais a decidir por turnos según vuestro sector. Los tributos elegirán qué decisión toma
Teseo en este momento. Por favor, el resto cerrad los ojos.

Vamos a mano alzada: Teseo calla o Teseo las
delata. Genial, así me gusta.

Ya podéis abrir todos los ojos.

Vamos con el otro sector. Las personas que todavía seguís libres debéis decidir en secreto
qué hace Ariadna. El resto cerrad los ojos.

Vamos a mano alzada: Ariadna calla o Ariad-
NA las delata. Muy bien, qué reñido.

Mecánica de decisión:
Mano alzada por turnos.

Decisión público:
- Si Teseo confiesa y Ariadna niega, continua
  por el verso 1202, escena 6A
- Si ninguno de los dos confiesan, continua
  por el verso 1226, escena 6B

- Si Teseo calla y Ariadna confiesa, continua por el verso 1238, escena 6C
- Si Teseo confiesa y Ariadna confiesa, continua por el verso 1261, escena 6D

TRIBUTOS	Teseo confiesa	Teseo calla
Ariadna confiesa	6D	6C
	Teseo -1 puntos	Ariadna -1 puntos
	Ariadna -1 puntos	Teseo 0 puntos
	= 2 TRIBUTOS MÁS	= 1 TRIBUTO MÁS
Ariadna calla	6A	6B
	Ariadna -1 puntos	Ariadna 1 punto
	Teseo 0 puntos	Teseo 1 punto
	= 1 TRIBUTO MÁS	= NO VAN TRIBUTOS

Tributos salvados	Recompensas objetos
3 tributos	Hilo
	Puñal
	Caja
2 tributos	Hilo
	Puñal
0-1 tributo	Hilo

Escena 6 A

TESEO *confiesa y* ARIADNA *niega.*

TESEO   Tengo de hablar: Gran rey de Creta,
                                        [advierte   1202
          a la mayor crueldad, a la más fuerte
          traición.

MINOS   Nada me digas,
          cautivo.

TESEO   Yo no soy.

LIDORO   No, no prosigas.   1205

TESEO   de Atenas, ni cautivo.

MINOS   ¿Qué ha importado
          si ya con el tributo te ha enviado?

PANTUFLO Ni con él, ni sin él hemos venido
          sino.

MINOS   En vano obligarme habéis querido.

TESEO   Hablad, señoras.

MINOS   No hay intercesiones.   1210

ARIADNA   (*Aparte.*)Toda soy confusión de confusiones.

TESEO   Pues sabéis...

FEDRA   Disimula lo que oímos

TESEO   la verdad.

ARIADNA   ¿Pues nosotras cuando os vimos?

MINOS   Vayan de aquesta suerte
adonde el Minotauro les de muerte.   1215

TESEO   ¡Qué poco con mis lastimas restauro!

PANTUFLO   En fin, ¿vamos, señor, al Niñotauro?

TESEO   ¿Que no me conocéis? ¡Grande fiereza!
¿mas cuándo no fue ingrata la belleza?

MINOS   Marche el campo a la corte dese
                            [modo,   1220
siendo todo trofeos, triunfos todos.
Hijas, adiós, pues ya de aquesta quinta
que bosqueja el abril y el mayo pinta,
nunca habéis de salir; que mi cuidado,
aunque sea tarde, en mí me ha
                    [escarmentado.   1225

MÁSTER   Al no cooperar Teseo y Ariadna, hacéis que
un tributo más entre en el Laberinto. ¿Alguien
de las personas libres está dispuesta a ser tributo? ¿Voluntarios? ¿Alguien se sacrifica o

elige el azar? Teseo y sus tributos vais a la celda hasta que os llamen para entrar en el laberinto.

(*Va una persona del público con los tributos. Llévanlos. Vase* MINOS.)

Sigue la historia:
Continúa por el verso 1287, Escena 6.2
Suman -1 punto

Escena 6 B

Ninguno de los dos confiesa. Largo silencio.

MINOS Vayan de aquesta suerte   1226
adonde el Minotauro les de muerte.

TESEO ¡Qué poco con mis lastimas restauro!

PANTUFLO En fin, ¿vamos, señor, al Niñotauro?

TESEO ¿Que no me conocéis? ¡Grande fiereza! 1230
¿mas cuándo no fue ingrata la belleza?

MINOS Marche el campo a la corte dese modo,
siendo todo trofeos, triunfos todos.
Hijas, adiós, pues ya de aquesta quinta
que bosqueja el abril y el mayo pinta, 1235
nunca habéis de salir; que mi cuidado,
aunque sea tarde, en mí me ha escarmentado.

MÁSTER Ninguno de los dos confesáis, TESEO muestra
gran honor y ARIADNA se mantiene a salvo.
Conseguís que no entren más personas en el
laberinto, ¡bien hecho! TESEO y sus tributos
vais a la celda hasta que os llamen para entrar
en el laberinto.

(*Llévanlos. Vase* Minos.)

Sigue la historia:
Continúa por el verso 1287, Escena 6.2
Suman 0 puntos

Escena 6 C

          ARIADNA *confiesa* y TESEO *niega.*

ARIADNA   Tengo de hablar: discúlpame y advierte 1238
que Fedra y yo salimos desta suerte
al río y

FEDRA   Nada digas,   1240
Ariadna.

ARIADNA   Yo me he...

LIDORO   No, no prosigas.

TESEO   No importa.

MINOS   ¿Qué ha importado
si ya con el tributo te ha enviado?

TESEO   Parad, señora.

MINOS   No hay intercesiones.

ARIADNA   No quiero que haya más confusiones. 1245
Pues sabréis...

FEDRA   Disimula lo que oímos

ARIADNA   ...la verdad.

TESEO   Pues nosotros no os vimos.

FEDRA   Ariadna, no digas tonterías
         llevas en tu cuarto días y días.
         Creo que se confundió con aquella   1250
         porque salió a escondidas la doncella.

MINOS   Vaya de aquesta suerte
         adonde el Minotauro le de muerte.

TESEO   ¡Qué poco con mis lastimas restauro!

PANTUFLO En fin, ¿vamos, señor, al Niñotauro?   1255

MINOS   Marche el campo a la corte dese modo,
         siendo todo trofeos, triunfos todos.
         Hijas, adiós, pues ya de aquesta quinta
         que bosqueja el abril y el mayo pinta,
         nunca habéis de salir; que mi cuidado,   1260
         aunque sea tarde, en mí me ha escarmentado.

MÁSTER   Al no cooperar Teseo y Ariadna, hacéis que un
         tributo más entre en el Laberinto. ¿Alguien de
         las personas libres está dispuesta a ser tribu-
         to? ¿Voluntarios? ¿Alguien se sacrifica o elige
         el azar? Teseo y sus tributos vais a la celda has-
         ta que os llamen para entrar en el laberinto.
         (*Va una persona del público con los tributos. Llé-
         vanlos. Vase* MINOS.)

Sigue la historia:
Continúa por el verso 1287, Escena 6.2
Suman -1 punto

Escena 6 D

TESEO *delata* y ARIADNA *confiesa.*

TESEO
Tengo de hablar: Gran rey de Creta,
[advierte   1261
a la mayor crueldad, a la más fuerte
traición.

MINOS
Nada me digas,
cautivo.

TESEO
Yo no soy...

LIDORO
No, no prosigas.

TESEO
de Atenas, ni cautivo.

MINOS
¿Qué ha importado   1265
si ya con el tributo te ha enviado?

PANTUFLO
Ni con él, ni sin él hemos venido
sino...

MINOS
En vano obligarme habéis querido.

TESEO
Hablad, señoras.

MINOS
No hay intercesiones.

ARIADNA   (*Aparte.*) Toda soy confusión de
                           [confusiones.   1270

TESEO   Pues sabéis/

FEDRA   Disimula lo que oímos

TESEO   la verdad.

ARIADNA   Así es, las dos os vimos.

MINOS   No me puedo creer que hayáis salido
desta quinta, lo tenéis prohibido.
Pagarán en lugar de vuestras vidas   1275
las de dos personas más distraídas.
Vayan de aquesta suerte
adonde el Minotauro les de muerte.

TESEO   ¡Qué poco con mis lastimas restauro!

PANTUFLO   En fin, ¿vamos, señor, al Niñotauro?   1280

MINOS   Marche el campo a la corte dese modo,
siendo todo trofeos, triunfos todos.
Hijas, adiós, pues ya de aquesta quinta
que bosqueja el abril y el mayo pinta,
nunca habéis de salir; que mi cuidado,   1285
aunque sea tarde, en mí me ha escarmentado.

(*Vase* MINOS.)

MÁSTER   Os habéis enfrentado el uno al otro. Habéis hecho que cojan a 2 personas más como tributos,

¿Alguien de las personas libres está dispuesta a ser tributo? ¿Voluntarios? ¿Alguien se sacrifica o elige el azar? ¡Bienvenidas! Pasad con ellos al laberinto. Estamos lejos de conseguir el objetivo. TESEO y sus tributos vais a la celda hasta que os llamen para entrar en el laberinto.

(*Van dos personas con los tributos. Llévanlos.*)

Sigue la historia:
Continúa por el verso 1287, Escena 6.2
Suman -2 puntos

Escena 6.2

LIDORO   ¡Ay, Ariadna hermosa!   1287
          ¿cuándo será mi suerte más dichosa?

ARIADNA   Tarde, y más hoy, si creo,
          que voy dando lugar a otro deseo.   1290

LIDORO   Pues si no fue mi amor merecimiento,
          ¡por Dios! que lo ha de ser mi atrevimiento.
          Que estoy del todo ya desesperado
          a morir o vencer determinado.

          (*Vase* LIDORO.)

ARIADNA   Ve tú a Dédalo y di, que hasta que haya 1295
          habládome, a la corte no se vaya.

MÁSTER   ARIADNA solicita la ayuda de Dédalo, el inge-
          niero que diseñó el Laberinto. Vamos a hacer
          un recuento: habéis salvado a .... tributos
          y habéis conseguido ..... objetos. Teseo, Pan-
          tuflo y los tributos van a la celda hasta que en-
          tran al laberinto.

Sigue la historia:

- Si quieres ser cómplice de ARIADNA, quédate en su habitación con ella y continúa por la escena 7.1, verso 1297 –esto sucederá en escenario–.
- Si quieres ir con TESEO, ve a la celda con él y continúa por la escena 7.2, verso 1410 –esto sucederá en otra estancia del teatro–.

Puntuación	Recompensas
2 tributos	Hilo
	Puñal
	Caja sorpresa
1 tributos	Hilo
	Puñal
0-1 tributo	Hilo

Escena 7.1

Sale Dédalo.

DÉDALO   Que me llamas, pues ahora,
    ¿hay en qué te sirva?

ARIADNA   Sí,
    hoy he de fiar de ti
    mi vida y alma.

DÉDALO   Señora,   1300

ARIADNA   ¿Estamos solos?

DÉDALO   Aquí
    sola y apartada estas.

ARIADNA   Hoy, Dédalo amigo, harás
    una fineza por mí.

DÉDALO   Tu esclavo soy.

ARIADNA   Mi tristeza   1305
    mi pena y melancolía
    nace de ver cada día
    con cuanta costa y fiereza
    ese monstruo (¡ay, de mí triste!)
    se conserva y se alimenta 1310

en esta cárcel sangrienta,
que con tanto ingenio hiciste.
Días ha, que he deseado
sacar desta obligación
o tirana sujeción   1315
al mundo; y hoy me ha obligado
con más piedad ver a esos
presos, que con tal rigor
van a sus manos; mayor
mente, que entre aquesos presos   1320
a uno la vida le debo,
no importa decirlo, no,
que en vano en un punto yo
me he acobardo, si me atrevo.
No alcanzo de qué manera   1325
preso está y pues me libró
de una fiera, es bien que yo
a él le libre de otra fiera.

DÉDALO   Dificultoso será
           librarle; mas un famoso   1330
           valor lo dificultoso
           ha de emprender.

ARIADNA   Claro está.

DÉDALO   Yo no le podré excusar
           ya del Laberinto, en que
           ha de entrar, pero diré   1335
           cómo se podrá librar:
           dándole la contracifra
           dese caos oscuro y ciego.
           y si yo a revelar llego,

	cómo ese enigma, esa cifra	1340
	se desata, bien podrá	
	salir después, aunque entre	
	ahora, mientras no encuentre	
	a la fiera. Pues si da	
	con él, es fuerza matarle	1345
	primero que salga.	

ARIADNA   Quien
da un favor, quien le hace un bien
ha de hacerle, y ha de darle
del todo; él no ha de morir,
ni eso se ha de aventurar.   1350

DÉDALO   También le supiera dar
veneno, con que rendir.
Pues cuando se sepa, y cuando
el rey me quiera prender,
alas me sabré poner,   1355
para escaparme volando

(*Vase* DÉDALO.)

ARIADNA   Pues que yo tan atrevida
de darte la vida trato,
huésped, no me seas ingrato;
que me costarás la vida.   1360

Sigue la historia:
Continúa por el verso 1361, Escena 8.1

Escena 8.1

FEDRA ¿Qué género de tormento

(*Aparte.*)

ARIADNA ¿Qué linaje de dolor

(*Aparte.*)

FEDRA qué habito de temor

ARIADNA qué especie de sentimiento

FEDRA es este?, ¡cielo! ¿Qué siento?   1365

ARIADNA es el que lloro ofendida?

FEDRA ¿Batalla tan atrevida

ARIADNA ¿Confusión tan encantada

FEDRA es estar enamorada?

ARIADNA o es estar agradecida?   1370

FEDRA Darle una vida quisiera
por la vida que me dio;
pero no me atrevo yo
a pagar desta manera:

si bien, aunque él no me diera   1375
vida, al verme así rendida,
viviera al dolor vencida.
De dos afectos cercada,
¿es estar enamorada,
o es estar agradecida?   1380

ARIADNA   Mas, ¡ay de mí! que aunque yo
su vida procuraré,
y con ella pagaré
la que él entonces me dio,
no estoy satisfecha, no,   1385
de que no le debo nada.
Verme entonces obligada,
y ahora reconocida,
¿es estar agradecida
o es estar enamorada?   1390

FEDRA   Sentir tanto su tormento/

ARIADNA   Llorar tanto su dolor/

FEDRA   /gran parte tiene de amor.

ARIADNA   /es más que agradecimiento.

FEDRA   En vano ayudarle intento.   1395

ARIADNA   Yo he de ayudarle atrevida.

FEDRA   Temer yo tan afligida/

ARIADNA   Estar yo tan alentada/

LAS DOS   ¿Es estar enamorada,
          o es estar agradecida?   1400

ARIADNA   ¿Fedra?

FEDRA   ¡Ariadna!

ARIADNA   ¿Qué pena
          suspende así tu fortuna?

FEDRA   Yo no tengo pena alguna.
          (¡pluguiera a amor!) Tú, que ajena
          de placer, de pesar llena   1405
          estás, ¿pues qué tienes, di?

ARIADNA   No hay tristeza alguna en mí.

FEDRA   ¡Ay, Ariadna! ¿qué importó
          decir la lengua que no,
          si dice el alma que sí?   1410

          (*Vase* FEDRA.)

Sigue la historia:
Continúa por el verso 1512, Escena 9

Escena 7.2

Salen TESEO y PANTUFLO.

PANTUFLO   Al fin, ya estamos, señor,
en esta pequeña cárcel,
cocina del Minotauro,
esperando por instantes,
que para vianda suya,   1415
o nos cuezan, o nos asen
o nos frían, o nos tuesten,
nos perdiguen, nos empanen,
nos hagan albondiguillas
con patatas y guisantes;   1420
pues para todo guisado,
ya está manida la carne.

TESEO   ¿Ves, Pantuflo, tan terrible,
tan duro, tan fuerte trance?

PANTUFLO   Pues, y como que le veo,   1425
y le viera, aunque cegase.

TESEO   Pues no siento tanto, no,
aquella traición notable,
con que a los dos nos prendieron,
ni haber de entrar en la grave   1430
fábrica del laberinto,
donde esa fiera me mate,

como ver la ingratitud
de aquellas raras beldades,
que después desconocieron   1435
a quien las dio vida antes.

PANTUFLO   ¿Qué mujer no da ese pago
a quien más servirla trate?

TESEO   Y si apuro más mi pena,
no siento, que me negasen   1440
esta obligación las dos,
sino la una sola. Baste
que esto digan mis desdichas.

PANTUFLO   ¿Qué tiene, (¡así dios te guarde!)
más la una, que la otra?   1445

TESEO   Hay un género de males,
donde no se siente el mal,
sino el dueño, que le hace.
La ingratitud de la una,
que es la que yo miré antes,   1450
y la que me dio al mirarla
veneno entre los cristales,
siento solo.

PANTUFLO   ¿Que te acuerdes
ahora desos disparates?

TESEO   ¿Qué tienes?

PANTUFLO   Estoy de piedra,   1455
pues que siento, que me abren.

Sigue la historia:
Continúa por el verso 1457, Escena 8.2

Escena 8.2

Sale DÉDALO.

TESEO   Sin duda, que por nosotros
    vienen ya.

PANTUFLO   Lindo potaje,
    guisados los dos, haremos
    de garbanzos racionales.   1460

DÉDALO   Escúcheme, cierta dama,
    que siente vuestros pesares,
    aqueste ovillo os envía
    de hilo.

(Dale un ovillo de oro.)

PANTUFLO   ¿Pera que devane?
    La parca es, pues nos regala   1465
    con hilado.

DÉDALO   Con atarle
    a una púa de la puerta,
    cuando en ese caos entrareis,
    volviéndole a recoger,
    será la salida fácil.   1470
    (Si ha conseguido la caja:)
    Y por si antes que salgáis
    al minotauro encontrareis,

con estos polvos, que vais
(*Dale la pócima.*)
derramando a todas partes,
perderá el sentido. Luego   1475
(*Si ha conseguido el puñal:*)
Y por si antes que salgáis
con este acero matadle;
(*Dale un puñal.*)
que ya no os verán las armas,
pues os las quitaron antes.
Con esto dice, que os paga   1480
la vida, que la guardasteis,
que calléis, y adiós, pues no
es bien que esto sepa nadie.

TESEO   No sé cómo responderos,
             que como felicidades   1485
             nunca traté, nunca supe
             hablarlas en su lenguaje.

DÉDALO   Disimulad, porque vuelve
             la guarda.

TESEO   ¿Hay dicha más grande?

PANTUFLO   ¡Apolo las lleve a todas,   1490
             Júpiter a todas guarde!

TESEO   ¡Oh, si fuese este favor
             de aquella…!

PANTUFLO   En eso no hables,
             mas que sea de la otra.

LIDORO   ¿Tanto te detienes? ¿Qué haces?   1495

DÉDALO   Ya he visto en este aposento
todo lo que es importante.

    (*Vase.*)

LIDORO   La puerta es deste sepulcro
de vivos.

TESEO   ¡Qué horror tan grande!

LIDORO   Entrad por la puerta.

PANTUFLO   ¿No   1500
me dirá, –así Dios le guarde–,
señor guarda-minotauro,
qué le importa a usted, darme
tanta prisa?

LIDORO   Está bramando
el minotauro de hambre.   1505
¿Pues y qué le importa a usted
que brame el otro o no brame?

LIDORO   Entrad ya.

PANTUFLO   Yo soy criado,
mi amo ha de pasar delante.

TESEO   Recibe, tumba funesta,   1510
aqueste vivo cadáver.

(*Vase* TESEO.)

Sigue la historia:
Continúa por el verso 1512, Escena 9

Escena 9

Aparecen a oscuras TESEO, PANTUFLO. *Están a las puertas del laberinto. El resto de tributos les siguen y se adentran en él.*

TESEO   ¿Hay abismo más confuso?

PANTUFLO   Mucho temo…

TESEO   ¿Qué?

PANTUFLO   Quedarme
              aquí, donde suspiros
              pueblan estas soledades.   1515

TESEO   La lóbrega noche aquí
              pavorosamente yace.

PANTUFLO   ¿Creérasme, que tengo miedo?

TESEO   El ánimo más constante
              temiera en la confusión   1520
              de espectáculo tan grande.

PANTUFLO   Angostas las calles son.

TESEO   Son ataúdes las calles,
              angostas y de madera.

PANTUFLO	Oyes, señor, no te apartes.	1530

TESEO   ¿Qué temes?

PANTUFLO   Que tú me pierdas
y el Minotauro me halle.

TESEO   En sintiendo sus pisadas.

PANTUFLO   ¿Qué habemos de hacer?

TESEO   Matarle.

(*Con espanto pierde el hilo* PANTUFLO *se pierde
con tributos y les lleva a otra parte del palco.*)

PANTUFLO   ¡Ay!

TESEO   ¿Qué es eso?

PANTUFLO   He tropezado   1535
no sé en qué.

TESEO   Nada te espante,
huesos de difuntos son
cuando pisas; que estas calles
cementerios pavorosos
son de uno y otro cadáver.   1540

PANTUFLO   ¿Y que no me espante, dices?
¿Pues cuando, di, he de espantarme,
si ahora no?

TESEO   Ven tras mí.

(*Éntranse.*)

PANTUFLO   Ya lo procuro, aunque en balde;
           porque no estoy por ahora   1545
           para ir atrás, ni adelante.
           El hilo con el espanto
           perdí, no sé si he de hallarle;
           Hilo pido, no me des
           cordelejo ¡Ay, que me asen!   1550
           ¡Ay! que siento unas pisadas,
           que temblar la tierra hacen.
           Si, por estar esto oscuro,
           por el olor ha de hallarme,
           aunque sea romo, harto olor   1555
           dejo para que me saque.
           ¡Ay, que se anda el Laberinto
           hacia como que se cae!
           ¡Qué gran ruido!

(*Dentro* TESEO.)

TESEO   ¡Favor, dioses,
           en tan afligido trance!   1560

PANTUFLO   Esta es la voz de Teseo.

TESEO   ¡Piedad, supremas deidades!

PANTUFLO   ¡Que sean tan descorteses
           estos muertos, que no saquen

una luz, oyendo ruido   1565
en la vecindad! Mal hacen.

TESEO   Vencí el horror, el prodigio
               mayor del mundo, y más grave.

               (*Sale* TESEO *ensangrentado.*)
PANTUFLO   Esto es hecho; pisaditas
               mayores que las de antes   1570
               hacia mí siento; sin duda
               que viene para pescarme
               pisando quedo.

TESEO   ¿Quién es?

PANTUFLO   Morí, sin decir Dios valme.
               Señor Minotauro, un plato,   1575
               que hoy se le sirve fiambre,
               no le pruebe, que-

TESEO   ¡Pantuflo!

PANTUFLO   ¿Quién es?

TESEO   Quien del más notable
               monstruo triunfó, atropellando
               extrañas dificultades.   1580

MÁSTER   Ya casi estamos a punto de salir. Tenemos que
               encontrar la salida, necesitamos la ayuda de todo
               el mundo para guiar a Teseo, Pantuflo y los tri-
               butos hasta el final del laberinto. Para ello, usa-
               remos el objeto que habéis conseguido: el hilo

de oro. El hilo debe pasar de mano a mano pasando por Teseo y Pantuflo hasta llegar a los tributos del escenario.

Mecánica:
Relevos, pasar el hilo por el público para encontrar la salida. Llevar el hilo hasta un punto específico del teatro con la colaboración de todas.

Decisión público:
- Salvan a un tributo, el tributo sale de la celda guiado por FAUNA.
- No salvan a ninguno

TESEO   El hilo voy recogiendo,
para que de aquí nos saque.

PANTUFLO   Si aquí me dejaste, aquí
era fuerza que me hallases.

TESEO   Sígueme pues, ven conmigo.   1585

PANTUFLO   Ya no admire, ya no espante
ver, que por una maroma
varios volatines anden,
pues andamos por un hilo
nosotros, y sin quebrarle.   1590

TESEO   Esta es la puerta; veras,
como a mis golpes se abre,

aunque sus láminas fueran
de pórfido o de diamante.

(*Éntranse.*)

MÁSTER   ¡Estupendo! ¿cómo vais con ese hilo? Pantuflo y Teseo encuentran la salida, ya casi son libres, pero…

Escena 10

Sale Soldado, y vuelven TESEO *y* PANTUFLO *a salir por la otra puerta.*

SOLDADO   ¿Qué es esto? ¿Quién esta puerta   1595
osa derribar?

TESEO   Quien sale
del oscuro Laberinto
hoy victorioso y triunfante.

PANTUFLO   Triunfante yo, y victorioso
salgo también.

SOLDADO   ¡Traición grande!   1600
¿Armas aquí? ¡Ha de las guardas!

TESEO   Antes que tu voz las llame…

(Sonido de disparo.)

TRIBUTOS   ¡Traición en el Laberinto!

(Salen libres los tributos del público.)

Escena 11

ARIADNA	Huyendo de Fedra hermosa,	
	me vengo a esta soledad,	1605
	para dar mi voluntad	
	esfera más anchurosa;	
	que porque a solas me deje	
	llorar, padecer, sentir	
	quise a este campo salir,	1610
	a donde a solas me queje.	

CORO	Solo a un olvido mortal	
	esta mi amor de por medio;	
	y siendo el remedio tal,	
	que ha de matarme el remedio,	1615
	mas quiero morir del mal.	
	Parece que se ha dormido	
	solo aquesta pasión fuerte,	
	como imagen de la muerte,	
	sus tristezas ha vencido.	1620
	Solo la quiero dejar,	
	durmiendo alivie su queja;	
	pues solo durmiendo deja	
	el pesar de ser pesar.	

Escena 12

LIDORO	¡Cielos! Ariadna es esta,	1625
	que duerme, dando lecciones	
	a la primavera hermosa	
	de cómo han de ser las flores.	
	Hoy ha de ser mía. Ayudadme	
	a que en mis brazos la robe;	1630
	y que ninguno me siga,	
	vuestros aceros estorben.	

ARIADNA   ¡Ay de mí! ¿qué es esto?

LIDORO   Es
un traidor afecto noble;
que son nobles los afectos   1635
de amor, cuando son traidores.

ARIADNA   ¡Hola! ¿qué es esto? ¿no hay
nadie? ¿ninguno me oye?

LIDORO   Yo te he de sacar, huyendo
a más remotas regiones,   1640
y hacer, que agravios consigan
lo que no pueden favores.

(*Llegándose a* ARIADNA, *ella le saca la espada
de la cinta.*)

ARIADNA   Primero con este acero
te he de dar la muerte.

Escena 13

Se escuchan a lo lejos las voces de Teseo *y* Pantuflo.

Teseo   Corre,
                hasta que amparo nos dé   1645
                lo intrincado dese monte.

Pantuflo   No puedo ya correr más.

Lidoro   Vanos fueron mis temores;
                que con otro hablaron.

Ariadna   Mira
                que se atreven tus traiciones   1650
                a mucho.

Lidoro   ¿Ya de mis brazos
                quién te ha de librar?

                (*Salen* Teseo *y* Pantuflo *como cayendo.*)

Teseo   ¡Los dioses
                me valgan!

Lidoro   ¿Qué es esto?

TESEO	Es un infeliz, que se acoge donde le amparen. ¿Qué veo? 1655

ARIADNA   ¿Qué miro?

LIDORO   ¿No dirás donde
te maten? ¿Cómo, traidor,
la prisión, que te di, rompes?

TESEO   Como vengo a darte muerte
donde quiera que te tope.   1660

MÁSTER   Lidoro después de haber seleccionado a los
tributos y haberlo metido en el laberinto ahora nos lo encontramos sin armas y desvalido.
Teseo puede elegir ¿Venganza y darle la muerte o le dejamos escapar? ¿Qué hace Teseo? Votemos a la de tres:

Mecánica de decisión:
Pulgar arriba o pulgar abajo.

Decisión público:
• Si deciden matarle, hay una pelea a puñal.
• Si deciden dejarle escapar, LIDORO sale co-
rriendo.

(Dale TESEO *de puñaladas, y cae dentro.)*

LIDORO   ¡Ay de mí! que me has hallado
               sin armas.

PANTUFLO   Siempre así tope
               yo a quien haya de matar.

ARIADNA   ¡Qué notables confusiones!
               ¿Cómo…? Aquí la voz me falta.   1665

               (*Sale* FEDRA.)

Escena 14

FEDRA
¿Qué ruido es este? ¿qué voces,
Ariadna? ¡Extraño asombro!
¿Tú en este jardín (¡qué horrores!)
con un hombre hablando estás,
y muerto (¡ay de mí!) otro hombre?   1670
¿Qué ha sido aquesto?

TESEO
                         Dar muerte
a ese abismo de traiciones.

FEDRA
¿Quién eres?

TESEO
               ¿Cómo, señora,
tan presto me desconoces?
Yo soy aquel que di vida   1675
a las dos en ese bosque,
y a quien una de las dos
se la ha dado; y mi honor noble,
si reconoce la deuda,
el dueño no reconoce.   1680
Muerto ya en el Laberinto
dejo a aquel bruto disforme;
huyendo venía a ampararme
de los ministros feroces,
que me siguieron, y aquí   1685
me arrojé, sin saber dónde.
En aquel caballo mío,

en cuyas alas veloces
podré huir seguramente.

ARIADNA   Pues sin otras suspensiones,   1690
          No te detengas.

FEDRA   ¡Camina!

ARIADNA   ¡Huye!

FEDRA   ¡Escapa!

ARIADNA   ¡Vuela!

FEDRA   ¡Corre!

MÁSTER   ¡Señoras, de vuestro padre
          no esperéis más los rigores;
          que preso Dédalo, sabe,   1695
          que una envió a las prisiones
          favor a Teseo, y a entrambas
          amenazan sus rigores!

TESEO   Ya yo no me puedo ir.

PANTUFLO Yo sí.

TESEO   Tú el caballo coge.   1700

          (*A* PANTUFLO.)

FEDRA   Señor, ampara mi vida.

ARIADNA   Señor, mi vida socorre.

TESEO   Si os quiero llevar conmigo,
no es posible que lo logre,
pues han de alcanzarme luego,   1705
huyendo con dos prisiones.
Tomad las dos ese bruto,
que ya mi criado coge,
huid en él, mientras que a mí
me dan muerte mis blasones.   1710

ARIADNA   Eso es morir todos tres,
sin que a ninguno perdone
el rigor; pues tú te quedas
a morir sin dilaciones,
y nosotras a morir   1715
vamos también; que pasiones
arrastradas de un caballo,
¿En qué poder será dócil?

TESEO   Pues no perezcamos todos,
lo que pueden mis acciones,   1720
es, llevar una.

FEDRA   Pues tú
la que has de librar escoge.

TESEO   Si ello es fuerza el escoger,
tu hermosura me perdone; (*A* ARIADNA.)
que esto es fuerza, no elección.   1725
Ven conmigo.

(*Toma a* FEDRA *la mano.*)

ARIADNA   ¡Escucha, oye!
Yo fui la que te envió
a Dédalo a las prisiones.
Por mí vives, yo te di
la vida; la mía socorre.   1730

TESEO   Dices bien, primero son
precisas obligaciones,
que las pasiones del gusto;
librarte mi honor dispone.

(*Toma a* ARIADNA, *y deja a* FEDRA.)

FEDRA   ¿Y es justo, que a mí me dejes   1735
en el riesgo, que conoces?

TESEO   Tú también has dicho bien;
¿Quién lo que ama no socorre?

ARIADNA   Eso es dejarse vencer
un hombre de sus pasiones,   1740
estotro vencerlas. Mira,
cual trae aplausos mayores,
¿ser vencido, o vencedor?

FEDRA   Di, ¿qué piensas?

ARIADNA   ¿Qué respondes?

FEDRA   ¿Tú me quieres?

ARIADNA   Yo te quiero.   1745

FEDRA   ¿Cual eliges?

ARIADNA   ¿Cual escoges?

FEDRA   ¿Ser amante?

ARIADNA   ¿Ser honrado?

MÁSTER   Llegamos hacia el final de la aventura de TE-
SEO, no ha encontrado a DEYANIRA pero puede
decidir con quién continuar su viaje por el
mundo hasta reencontrarse con Hércules, es
una decisión complicada pero, ¿con quién se
va Teseo: Fedra o Ariadna? Solo cabe una más
en su caballo. A quién salvará de un castigo
por haberle ayudado a salir del laberinto, ¿a
Fedra que no ha hecho nada y por lo tanto no
debería ser castigada y es a quien ama? ¿o a
Ariadna que se ha arriesgado para salvarle a
él la vida? Vamos a votar por aquí, a mano alzada ¿con quién se va Teseo? Manos por Ariadna y manos por Fedra. Genial. Teseo se lleva
a .... Pero un momento ¿qué hace ....?
¿Se va con Teseo o se queda con su hermana?
Votemos este sector a mano alzada: manos por
irse con Teseo, y manos por quedarse con su
hermana. Estupendo, Teseo se van con ....,
y ella .... Veamos qué ocurre.

Mecánica de decisión:
Mano alzada, por turnos y sectores.

Decisión público:

- Si Teseo elige a Fedra y Fedra se va, continua por el verso 1748, escena 15A
- Si Teseo elige a Ariadna y Ariadna se va, continua por el verso 1796, escena 15B
- Si Teseo elige a Fedra y Fedra no quiere irse, continua por el verso 1817, escena 15C
- Si Teseo elige a Ariadna y Ariadna no quiere irse, continua por el verso 1817, escena 15C

Tributos	Teseo elige a Fedra	Teseo elige a Ariadna
Ariadna y Fedra están in	15 A Se va con Fedra	15 B Se va con Ariadna
Ariadna y Fedra pasan	15 C Fedra se queda con su hermana	15 C Ariadna se queda con su hermana

Escena 15 A

TESEO
¿Qué dudo? Que, aunque me noten
de ingrato, he de ser amante.
Todo el pundonor perdone;   1750
que las pasiones de amor
son soberanas pasiones.
Acúsenme los atentos;
que a mí me basta, que tomen
mi disculpa los que, amando,   1755
dejan sus obligaciones.

(Vase y llévase a FEDRA.*)*

ARIADNA
¡Ay de mí! No siento, no,
ver, que ingrato correspondes
a mis finezas, porque
las olvides o las borres,   1760
sino porque entre tus brazos
con tanto gusto recoges
a esa fiera, a esa enemiga;
que más siento en tus baldones
mis celos, que mis agravios;   1765
¿Pero qué agravios mayores?
¡O a los dioses ruego, bruto,
que con plantas tan veloces
te vas alejando, que
con algún peñasco choques   1770
desbocado, y que, perdiendo
el atributo de noble,
quede en ti más poderoso

el resabio, que lo dócil!
¡Mas ay! que estas maldiciones   1775
son contra mí; pues ya estas
más lejos mientras más corres.
Que tú no tienes la culpa
de lo que el hado dispone.
Si no merecí agradarte,   1780
y tú a tu amor correspondes,
¿Qué culpa tienes? No lleguen
nunca a ti mis maldiciones.
Feliz corras, feliz pares;
hagante paso las flores,   1785
hagante sombra las copas,
bien mandado a cualquier orden,
ese bruto te obedezca,
el menor tiento le dome,
y llegues, feliz amante,   1790
seguro a otro reino, donde
ajeno Rey te reciba;
de espacio tus dichas goces,
correspondido y amante
de una beldad con dos soles.   1795

(*Vase.*)

MÁSTER   Lo sentimos mucho, Ariadna. ¡Qué maravilla
que tengáis una segunda cita en este viaje, Fedra y Teseo! ¡nos alegramos de este final, pareja! Hablando de parejas, hemos llegado al
momento que todo el mundo esperaba, nos
vamos a África, vamos a ver a Hércules.

Fin de la segunda jornada

Escena 15 B

TESEO   ¿Qué dudo? Que, aunque me noten
de ingrato, he de ser amante.
Todo el pundonor perdone;
que las pasiones de amor
son soberanas pasiones.   1800
Acúsenme los atentos;
que a mí me basta, que tomen
mi disculpa los que, amando,
dejan sus obligaciones.

(*Vase y llévase a* ARIADNA.)

FEDRA   Feliz corras, feliz pares;   1805
hagante paso las flores,
hagante sombra las copas,
bien mandado a cualquier orden,
ese bruto te obedezca,
el menor tiento le dome,   1810
y llegues, feliz amante,
seguro a otro reino, donde
ajeno Rey te reciba;
de espacio tus dichas goces,
correspondido y amante   1815
de una beldad con dos soles.

MÁSTER   Lo sentimos mucho, Fedra, ¡Qué maravilla
que tengáis una segunda cita en este viaje!
Lástima que después Teseo la deje abandonada

en una isla. ¡Pero hasta entonces, nos alegramos de este final, pareja! Hablando de parejas, hemos llegado al momento que todo el
mundo esperaba, nos vamos a África, vamos
a ver a Hércules.

Fin de la Segunda Jornada

Escena 15 C

TESEO   ¿Qué dudo? Que, aunque me noten
de ingrato, he de ser amante.
Todo el pundonor perdone;
que las pasiones de amor   1820
son soberanas pasiones.
Acúsenme los atentos;
que a mí me basta, que tomen
mi disculpa los que, amando,
dejan sus obligaciones.   1825

*(Vase y llévase a y tiende la mano a una de las
dos hermanas, la que el público haya escogido.
Esta le mira y le rechaza.)*

FEDRA
y ARIADNA   Hemos pensado mejor que
estaremos sin un hombre.
El castigo asumiremos
juntas y ahora, tú corre.
Así quedamos en paz   1830
hagante paso las flores,
hagante sombra las copas,
bien mandado a cualquier orden,
ese bruto te obedezca,
el menor tiento le dome,   1835
y llegues, feliz amante,
seguro a otro reino, donde
ajeno Rey te reciba;

de espacio tus dichas goces,
corresponido y amante   1840
de una beldad con dos soles.

MÁSTER   Lo sentimos mucho, Teseo. Fedra y Ariadna
se quedan en la isla de Creta, seguro que no
tienen que pensar mucho una nueva excusa
para que su padre les crea. Lástima que han
matado a Dédalo, que no las podrá ayudar más.
Seguro que muy pronto encontráis una nueva
pareja. Hablando de parejas, hemos llegado al
momento que todo el mundo esperaba, nos
vamos a África, vamos a ver a Hércules.

Fin de la Segunda Jornada

Jornada III
Escena 1

Dentro voces, y salen huyendo LÍCAS, NARCISA, CLARÍN *y tras ellas* HÉRCULES.

MÁSTER 1   Eso es, ¡estáis en el lugar indicado para encontrar pareja!

(*Cartel de aplausos en el público.*)

MÁSTER 2   O para saber si vuestra pareja es la correcta.

MÁSTER 1   Efectivamente, eso es casi más difícil, ¿verdad?

(*Cartel de risas en el público.*)

MÁSTER 2   No os preocupéis porque tenemos las pruebas y toda la información que necesitas para saberlo.

MÁSTER 1   Nuestro invitado al programa de hoy es Hércules. Lleva varios meses en busca de Deyanira, que no sabemos si ha ido, ha sido capturada o qué ha ocurrido en su relación para que desaparezca.

MÁSTER 2   Hércules está moviendo cielo y tierra por amor.

(*Oooh!, en el público.*)

MÁSTER 1   Eso es, no se da por vencido nuestro héroe, hasta ha hecho que sus colegas Teseo y Jasón vayan en busca de Deyanira. Contamos también con unos colaboradores de lujo que conocen un poco a Deyanira, o amigas cercanas y gente de su círculo que conoce su relación bastante bien (*Señala al público.*), necesitaremos vuestra ayuda para saber cuál es la verdad. Hércules hoy estás aquí porque tenemos algo que decirte: tenemos noticias del paradero de Deyanira.

(HÉRCULES *entra en cólera.*)

LÍCAS   ¡Huid todas!

NARCISA   ¡Santos cielos!
¡Monstruos de a pie, y de a caballo   1880
hoy nos persiguen.

HÉRCULES   Teneos,
esperad no huyáis, amigas:
De paz hablaros intento;
que la guerra, que yo traigo,
toda me cabe en el pecho.   1885
Escuchad, sabréis la causa,
con que a estas montañas vengo.

CLARÍN   Su merced no desa suerte
nos pida, que le escuchemos.

NARCISA   Pregunte lo que quisiere;   1890
que a todo responderemos.
Lo que sabemos es poco,
pero aun lo que no sabemos.

HÉRCULES   Decidme, por vida vuestra,
si por dicha, (mal empiezo)   1895
si por desdicha, (bien digo)
visteis por estos desiertos
veloz un centauro, que
de dos especies compuesto,
el medio parece hombre,   1900
y caballo el otro medio;
siendo así, que no es mitad
de uno y otro, pues dos cuerpos
son, aunque los juzgue uno
el acción y el movimiento.   1905
Este pues, (¡ay, infelice!)
fiado en el bruto ligero,
trae una dama robada.
(¿Cómo pronunciarlo puedo?)
Decidme, si le habéis visto;   1910
que en albricias os prometo
ricos dones, (¿quién dio albricias
jamás de sus sentimientos?)
O si sabéis de los dos,
y calláis, por los eternos   1915
dioses, que aquesta montaña,
arrancada de su asiento,
sea hoy la tumba vuestra,
o breves pedazos hechos.
Porque si Hércules con dichas   1920

fue horror, fue pasmo estupendo
de los hombres y las fieras,
¿Qué será Hércules con celos?

LÍCAS   Narcisa, que es tan curiosa,
que nada pasa en el pueblo,   1925
que ella no sepa, es quien vio,
poco habrá, a ese caballero,
y de espanto nos dio voces
a todos nosotros.

HÉRCULES   ¡Cielos!
¿Quién es Narcisa?

CLARÍN   Esta es.   1930

HÉRCULES   Dime, ¿qué has visto?

NARCISA   Si puedo
hablar, lo diré.

LÍCAS   ¿De cuando
acá dificultas tú eso,
y hablar no puedes?

NARCISA   Ahora,
que a Hércules delante tengo.   1935

CLARÍN   ¡Quien un Hércules tuviera
con que ponerte silencio!

HÉRCULES   Di pues, villana.

NARCISA   Señor,
yo estaba, si bien me acuerdo,
a la falda dese monte,   1940
cuando extraño ruido siento
entre las hojas y ramos.
A ver quién le causa vuelvo
los ojos, y a ese cientauros
penetrar lo inculto veo   1945
de sus entrañas, llevando
entre sus brazos soberbios
una mujer.

HÉRCULES   ¡Calla, calla,
que con esa voz me has muerto!

NARCISA   Pues yo que ya el antes dije   1950
callaré el después.

HÉRCULES   No quiero
que lo calles sino que
prosigas.

NARCISA   No sé más que esto;
porque quedé desmayada
con el espanto y el miedo.   1955
Pero a las voces, que di,
llegó Lícas el primero;
él te dirá lo demás.

LÍCAS   Señor,
si es que la verdad le cuento.
En busca suya iba, cuando   1960
oí sus voces, y al acento

dellas corrí, y llegué a punto...
si no ha de enfadarte esto,
diré lo demás.

HÉRCULES   ¡Prosigue!

LÍCAS   Que iba hacia el bosque corriendo   1965
            con una dama en los brazos;
            y al aire el cabello suelto,
            volaba ya, y no corría,
            el Pegaso pareciendo,
            que era caballo con alas,   1970
            distinguiéndolas el viento,
            en ser aquellas de pluma,
            y ser estas de cabello.

HÉRCULES   Pero prosigue, prosigue,
            ¿Por qué camino se fue?

LÍCAS   Eso   1975
            Clarín es el que lo sabe.

NARCISA   Cree que se llamaba Neso.

CLARÍN   ¿Yo?

HÉRCULES   Di, ¿por dónde se fue?

CLARÍN   Su merced escuche atento:
            Hay una intrincada selva,   1980
            que para en un bosque ameno.
            A la margen deste bosque,
            de varias resacas puesto,

paró el desbocado bruto,
móvil de un hermoso cielo.   1985
Yo, que los vi divertidos,
a ella llorando, a él sintiendo,
me vine; y así, señor,
en este valle los dejo.

HÉRCULES   Extraño linaje es   1990
de ansia, de pena y tormento
este, que ofendido lloro,
este, que triste padezco.
Idos, villanos, de aquí,
huid, huid de mi fuego;   1995
respira con cada soplo,
aborta con cada aliento.

NARCISA   ¡Huyamos todos!

TODOS   ¡Huyamos!

HÉRCULES   Deteneos, deteneos,
no os vais. Más idos, que tú   2000
solo…

(*Vanse todos y detiene* HÉRCULES *a* CLARÍN.)

Escena 2

CLARÍN	¡Ay de mí! ¡Yo soy muerto!

HÉRCULES   Basta que quedes conmigo,
porque me guíes al puesto
donde los dejaste.

CLARÍN   ¿Yo?
hube de ser, en efecto.   2005
Yo iré, señor, bien a bien;
no apriete, que aprieta recio.

HÉRCULES   Esta flecha de mi aljaba,
que tiene mortal veneno,
pues teñida está en la sangre   2010
de la hidra, que yo he muerto,
cuya ponzoña convierte
la sangre, que toca, en fuego,
será de aquesta venganza
el venenoso instrumento.   2015

(*Vanse.*)

Escena 3

Sale Neso, *vestido de pieles y* Deyanira.

¿Hércules consiguió la pistola en la loa?
Si la respuesta es NO comienza la escena por
aquí.

Máster 1   Oh, Narcisa, ¿qué te ocurre?

Máster 2   Estoy enfadada, mis paquetes nunca llegan a
tiempo

Máster 1   Hérmes express siempre tiene la solución al
instante. Lo necesitas, lo tienes. Vaya, acaba
de llegar un mensajero de Hermes express,
¿cuál es tu nombre? Traes un paquete, ¿podrías leernos para quién es? ¿Qué tiene dentro, querido espectador? ¡Wow! Una pistola
para Hércules, te vendrá genial para esa bala
con sangre de la hidra. Hermes express, tu solución al instante.Pero volvamos a nuestra historia.

Si la respuesta es SÍ continúa la escena directamente por aquí.

MÁSTER 1   Ha aparecido en la vida de Deyanira un cen-
            tauro llamado Neso y desde entonces Hércu-
            les no sabe nada de ella. No sabemos si esto
            es correspondido. Me comentan por pingani-
            llo que tenemos filtrada una grabación de Neso
            y Deyanira, escuchemos. Aquí están Deyani-
            ra y el centauro Neso:

NESO   Hermosa Deyanira,
            a quien el sol tan envidioso mira.
            ¿Hasta cuándo, hasta cuándo tus porfías
            han de vencer las presunciones mías?
            No soy monstruo tan fiero,   2020
            como a tu amor le parecí. Primero
            que estuvieses casada
            con Hércules, amada
            fuiste de mí. Tú sabes
            cuantos nobles deseos, cuantos graves   2025
            afectos me has debido;
            mas no sabes, que toda eres olvido.
            Casada te he adorado,
            hasta que ya mi amor desesperado
            te robó. En poder mío,   2030
            dueño has sido también de mi albedrío;
            pues desde el primer día,
            que la violencia pudo hacerte mía,
            viendo tu sentimiento,
            a robarte también el alma atento,   2035
            te di palabra, bien te la he cumplido,
            de adorarte rendido.

DEYANIRA   Bárbaro monstruo fiero,
            aún más después, que imaginé

que si medio caballo y hombre fueras, 2040
media alma generosa al fin tuvieras,
si en tu poder robada
he sido de tu furia respetada,
a mí me lo he debido,
pues sabes, que mi espíritu atrevido   2045
dispuso (cosa es cierta)
primero, que ofendida, verme muerta.

NESO   Pues arrastre mi tormento
tu ambición, llegue en rigor
a su término el amor,   2050
a su línea el sufrimiento.

DEYANIRA   En mí este puñal sangriento
verás, si ofenderme tratas.

(Saca un puñal, y amenazase a sí misma.)

NESO   Hoy he de ver, si rescatas,
siendo tú de ti homicida,   2055
tu deshonra con tu vida,
si te rindes, o te matas.

DEYANIRA   Desta suerte me has de ver
siempre que ofenderme trates.

NESO   No te hieras, no te mates;   2060
que yo volveré a tener
esperanza de vencer
con amor, con fuerza no.

Escena 4

(Salen HÉRCULES *y* CLARÍN. *Les ven en una po-
sición ambigua.)*

CLARÍN   En esta parte quedó.

DEYANIRA   O tarde, o nunca podrás.   2065

NESO   ¿Pues quién fía, que jamás
podré conseguirte?

HÉRCULES   ¡Yo!

NESO   ¡Ay de mí!

DEYANIRA   ¡Yo estoy perdida!

HÉRCULES   Que abortado desta suerte
de la tierra, con tu muerte   2070
he de rescatar su vida.

NESO   Aunque tu saña atrevida
dé a mi esfuerzo que temer,
mi vida he de defender.

HÉRCULES   ¿Cómo podrás de mi ira?   2075

NESO	Abrazando a Deyanira.
	Ella mi escudo ha de ser.

(Abraza a DEYANIRA, y la pone delante.)

DEYANIRA	Resistirme puedo en vano;
	de mármol helado soy.

CLARÍN	Buenos están los dos hoy	2080
	y ella sudada en la mano	

NESO	Y si aqueste puñal gano…

(Quítala el puñal.)

HÉRCULES	¿Qué es lo que intentas, traidor?

NESO	En defensa hacer-

HÉRCULES	¡Qué horror!

NESO	Yo de mi vida contigo,	2085
	lo mismo que ella conmigo	
	en defensa de su honor.	

(HÉRCULES le apunta con la pistola y NESO amenaza poniendo el puñal a DEYANIRA.)

HÉRCULES	No la hieras, no la mates.

NESO	No el darme muerte procura,	
	dilatar mi vida intenta,	2090

si no quieres ver sangrienta
esta infelice hermosura.

DEYANIRA   Hércules, ¿en lid tan dura,
tu ofensa tú has permitido,
que yo hasta aquí he defendido?   2095

HÉRCULES   Eso mis alientos para,
pues tu vida no guardara,
si me hubieras ofendido.

Escena 5

Dentro Floro y Narcisa

FLORO   ¡Por acá!

NARCISA   ¡Por acá!

CLARÍN   Mucha
gente por el monte asoma.   2100

HÉRCULES Para que más se embaracen
mis dudas unas con otras.

FLORO   Corre, amiga, que en el monte
hay una exclusiva espantosa
de las que yo busco.

DEYANIRA   ¿A qué   2105
se resuelven tus congojas?

HÉRCULES No sé, no sé, Deyanira;
porque en confusión dudosa,
tu honra guarda tu vida,
y es tu vida mi deshonra.   2110

FLORO   ¡Ataja, ataja, no entren
a ampararse de las rocas!

NESO	En esta confusión quiero irme acercando a las ondas.

DEYANIRA	Esposo, señor, ¿qué aguardas? ¿Qué dudas?	2115

HÉRCULES   Tu vida sola
acobardara mis flechas.

DEYANIRA   Dispáralas, que no importa.

NESO	¡O si pudiese cobrar el caballo, y a las olas arrojarme dese río!	2120

HÉRCULES   Yo te seguiré, aunque corras
ya determinado al agua.

(NESO *coge a* DEYANIRA *en brazos, y se entra. Al
seguirlos* HÉRCULES, *sale* FLORO.)

FLORO   ¡Detente, fiera espantosa!

CLARÍN	¡Vive Dios, que se va urdiendo una linda carambola!	2125

FLORO   ¿Tú eres Hércules?

HÉRCULES	No sé quién soy; porque en esta hora, ajeno yo de mí mismo, aun no sé, si soy mi sombra.	2130

FLORO   Las señas equivocaron.
Aquí estoy, ¿qué te congoja?
¿Qué es lo que tienes?

HÉRCULES   Aquel
monstruo, que al agua se arroja,
es mi enemigo, y aquella   2135
mujer, que en sus brazos roba,
sin culpa suya, es el dueño
de mi pena rigurosa.

NARCISA   ¡Ay de mí! que es Deyanira,
que fue un tiempo mi señora.   2140

HÉRCULES   Deyanira, amada mía,
aquesta crueldad perdona;
harto dilaté tu muerte,
¿Más ya tu vida qué importa?
Tú me mataste con celos,   2145
yo te mato con ponzoña.

MÁSTER 1   ¡Un momento! Esto no estaba contemplado
en el programa. Un momento, por favor.
¿Cómo va a disparar ahora a Deyanira? Vamos a ver. De acuerdo, va a disparar la bala
con la sangre de la hidra atravesándola hasta llegar a Neso. ¿Dónde llega esta bala? ¿Qué
hará Neso: apartará a Deyanira para recibir la
bala salvando a Deyanira? ¿Es esta la prueba
de amor de Neso? Lo va a decidir uno de nuestros colaboradores del programa.

Mecánica de decisión: Elije una sola persona

Decisión público: Tener un infiltrado en el público.

PÚBLICO: NESO protege a DEYANIRA, sin duda.

MÁSTER	Así lo ha dicho nuestro amigx. Neso protege a Deyanira, veamos qué ocurre.

(Dispara la pistola, y vase luego.)

NESO	¡Ay de mí!

(Dentro.)

DEYANIRA	¡Cielos piadosos, *(Dentro.)* dad favor a mis congojas!

NARCISA	Con el natural instinto el bruto, al ver que se ahoga, pone la vista en la tierra.	2150

FLORO	Animosamente boga, siendo los remos los pies, siendo la frente la proa.

CLARÍN	¡O quieran los dioses, que tomen puerto sus congojas!	2155

NARCISA   A socorrerla lleguemos,
           por si a alguna parte aborda.

           (*Vanse.*)

Escena 6

Sale NESO *herido con* DEYANIRA *en los brazos.*

NESO	Hermosa mujer, no temas,	
	que he de dejar, que las ondas,	2160
	aunque son patria de Venus,	
	hoy en su centro te escondan;	
	que, hasta volverte a la tierra,	
	se alentara mi congoja.	
	La vida tu amor me cuesta;	2165
	y entre mi furia rabiosa,	
	solo, que me debas, quiero,	
	la última fineza. Toma	
	esta túnica, que visto.	
	¿Vesla, que en mi sangre toda	2170
	bañada esta? Pues en ella	
	el mayor tesoro logras.	
	Si Hércules, considerando,	
	que en mi poder, tan a costa	
	de sus celos, has vivido,	2175
	te desdeña o te abandona	
	o te quisiere dar muerte,	
	haz, que aquesta piel se ponga;	
	que la que no me sirvió	
	a mí de defensa ahora,	2180
	te servirá de defensa	
	a ti; pues en ella sola	
	está el hechizo, con que	

te adoré. — ¡O si mi penosa
fortuna, después de muerto,   2185
me vengara! pues no ignoran
mis desdichas, que esta flecha,
con la sangre venenosa
de la hidra, dejara
avenenadas mis ropas. —   2190
En el punto que la vista,
le verás cómo te adora
y te busca. Este secreto,
que nadie le sepa, importa.
No tengo más que dejarte;   2195
con esto te galardona
mi amor cuanto te ha querido.
Tu amor venturoso goza,
y muera yo desdichado,
porque tú vivas dichosa.   2200

(*Cae dentro muerto.*)

DEYANIRA   Murió Neso. Quedo en aquesta
desierta desnuda roca.
¿A quién pediré socorro,
si no hay nadie que me oiga?
Aunque sean sin provecho,   2205
mis voces el aire rompan.
¡Hércules, señor, esposo!

Escena 7

Sale HÉRCULES.

HÉRCULES   ¿Quién me llama? ¿Quién me nombra?

DEYANIRA   Viva estoy, y tuya soy.
       ¿Pero qué es esto? ¿tú lloras   2210
       al mirarme? ¿tú suspiras?
       ¿Tú de tus brazos me arrojas?
       ¿Cuándo pensé celebrar
       en ellos de tus victorias
       y de mi vida el efecto,   2215
       tantos aplausos malogras?
       Habla.

HÉRCULES   Hermosa Deyanira,
       e infelice cuanto hermosa,
       tu vida en el alma estimo,
       porque tu vida es la cosa,   2220
       que más mi vida venera,
       y que más el alma adora.
       En el poder has estado
       de una fiera rigurosa.
       Y siendo así, que en la duda   2225
       y en la verdad hay dos cosas,
       la una mi satisfacción,
       y la de todos la otra,
       yo quiero cumplir con ambas,

y ha de ser de aquesta forma.   2230
Por mi parte, pues yo soy
quien creó tu fama heroica,
yo te concedo la vida.
Por parte de quien pregona
mis desdichas, te la quito.   2235
¿Cómo podrá ser ahora
quitarte y darte la vida,
Deyanira, una acción sola?

MÁSTER 1 Hércules, parece que este es el momento de tomar una decisión, y para eso necesitamos ayuda de nuestras colaboradoras ¿decide quedarse
con Deyanira y continuar su historia de amor
o decide dejarlo aquí e irse de la isla sin ella?
¿Se van juntos o no? Votemos a mano alzada:
¿manos para que Hércules abandone a Deyanira en la isla?, ¿y manos para que Hércules se
vaya con Deyanira? (*Revisa los votos.*) Muy
bien, así decide el amor. Veamos qué ocurre.

Mecánica de decisión:
Mano alzada.

Decisión público:
- Si Hércules decide irse sin ella, continua por
el verso 2239, escena 7A
- Si Hércules y Deyanira se van juntos, continua por el verso 2287, escena 7B

Escena 7 A

HÉRCULES	Pues fácil es. Todos piensan,	
	que moriste entre las ondas,	2240
	y yo solo sé, que vives;	
	la voz de tu muerte corra,	
	y vive para mí solo;	
	con lo cual a un tiempo logra	
	mi desengaño tu vida,	2245
	y tu muerte mi congoja.	
	En todos aquestos montes	
	no hay nadie, que te conozca;	
	Y así en ellos estarás	
	en traje de labradora.	2250
	Vive, más yo no te vea;	
	vive, más yo no te oiga;	
	pues con otro nombre…	

HÉRCULES Pues fácil es. Todos piensan,
   que moriste entre las ondas, 2240
   y yo solo sé, que vives;
   la voz de tu muerte corra,
   y vive para mí solo;
   con lo cual a un tiempo logra
   mi desengaño tu vida, 2245
   y tu muerte mi congoja.
   En todos aquestos montes
   no hay nadie, que te conozca;
   Y así en ellos estarás
   en traje de labradora. 2250
   Vive, más yo no te vea;
   vive, más yo no te oiga;
   pues con otro nombre…

DEYANIRA   Espera;
   que es necia, es injusta, es loca
   esa determinación, 2255
   que contra ti mismo tomas.
   ¿Por qué has de pensar, que al verme
   contigo, siendo tu esposa,
   te han de murmurar, pues antes
   cierras con esto la boca 2260
   a la malicia? ¿Tan poco
   fías tú de ti, que pongas
   duda en tu honor, fomentando
   malicias escrupulosas?

Ten de ti satisfacción,   2265
Tendranla las gentes todas;
porque si tú tu honra dudas,
¿Quién ha de creer tu honra?

HÉRCULES   Bien dices; mas yo también
digo bien; que en fin hay cosas,   2270
donde a todos la razón
falta, porque a todos sobra.

DEYANIRA   Advierte…

HÉRCULES   Nada me digas.

DEYANIRA   Mira…

HÉRCULES   Nada me propongas.

DEYANIRA   Considera…

HÉRCULES   Nada me hables.   2275

DEYANIRA   Oye…

HÉRCULES   Nada me respondas;
que no seré yo el primero,
Deyanira, que conozca,
que no esté agraviado, y tome
satisfacción; porque importa   2280
la satisfacción ajena
a veces más que la propia.

DEYANIRA   Ni yo seré la primera,

que use inadvertida y loca
de hechizos, para atraer   2285
a sus brazos lo que adora.

Sigue la historia:
Continúa por el verso 2312, escena 8

Escena 7 B

HÉRCULES   Hasta matar a esa fiera,
y hasta cobrar tu persona,
toda el África he corrido.
Un año ha ya, (¡qué congoja!)   2290
que te perdí; y donde acaba
una duda, empieza otra.
En el poder has estado
de una fiera rigurosa.
El mundo sabe mis ansias;   2300
pues hasta en Asia y Europa
mi opinión están perdiendo
los que piensan, que la cobran,
y ya espero, que vendrán
de publicar mi deshonra.   2305
Y yo estaré contigo que
lo demás menos importa.

DEYANIRA   Ni yo seré la primera,
que use inadvertida y loca
de hechizos, para atraer   2310
a sus brazos lo que adora.

Sigue la historia:
Continúa por el verso 2312, escena 8

Escena 8

Llegan todxs con móviles y cámaras.

FLORO   ¡Felice mil veces sea,
            Hércules, el día, en que cobras
            tanta dicha!

HÉRCULES   ¿Cómo puede
            dejar de serlo el que adora   2315
            la virtud de Deyanira,
            con quien todo el sol es sombra?

DEYANIRA   El cielo os guarde mil años,
            por tantos favores y honras.

FLORO   Pues ha sido dicha mía   2320
            hallarme en el monte ahora,
            venid conmigo; que quiero
            ver mi corte venturosa
            con tales huéspedes yo.

HÉRCULES   Vamos, Deyanira hermosa.   2325

            (*Vase.*)

DEYANIRA   Narcisa, quieren los hados,
            que mi vida a tus pies ponga,
            a ese sangriento cadáver
            de sus vestidos despoja,

y sin que nadie lo entienda,   2330
con gran secreto los toma,
y llévalos donde yo
estuviere, que me importa.

(*Vanse todxs.*)

Escena 9

DEYANIRA	Narcisa, aqueste secreto:	
	Hércules, que a hacer acude	2335
	sacrificio, que desnude	
	sus pieles es fuerza, a efecto	
	de lavarse el cuerpo, pues	
	no llega a sacrificarle	
	a Júpiter, sin lavarle,	2340
	quien sacerdote no es;	
	sus pieles has de quitar,	
	sin que lo eche de ver,	
	y con recato poner	
	esotras en su lugar;	2345
	que como son parecidos	
	en desaliño y fealdad,	
	y en poca curiosidad	
	todos aquestos vestidos,	
	no llegara a conocellos;	2350
	y estar con sangre, no es	
	objeción tampoco, pues	
	siempre él gusta de traellos	
	manchados por vanagloria;	
	que como a fieras los quita,	2355
	con su sangre solicita	
	hacer del trofeo memoria.	
MÁSTER 2	Un momento, ¿Estás segura?	

MÁSTER 1   Deyanira, sabemos que has pasado por muchas dificultades en la relación con Hércules. ¿Conoces realmente a tu pareja? ¿Deyanira, confía realmente en que Hércules le ama?

Mecánica de decisión:
Mano alzada.

Decisión público:
- Si Deyanira le pone el manto, continua por el verso 2358, escena 9A
- Si Deyanira confía y no le pone el manto, continua por el verso 2370, escena 9B

Escena 9A

NARCISA   Solo trato obedecerte,
y cuanto mandas haré,
ya que mi ventura fue   2360
el traerte desta suerte
donde te pueda servir.

(*Vase* NARCISA.)

DEYANIRA   Si en sus vestidos tenía
Neso hechizo, que le hacia
amar, querer y sentir,   2365
sienta Hércules, ame y quiera;
que no mi suerte ha de hacer,
que me llegue a aborrecer
Hércules desta manera.

(NARCISA *le pone el manto.*)

MÁSTER 1   Parece que Deyanira necesita una prueba de
amor una vez más.

Sigue la historia:
Continúa por el verso 2379, escena 10

Escena 9B

Narcisa	Solo trato obedecerte,	2370
	y cuanto mandas haré,	
	ya que mi ventura fue	
	el traerte desta suerte	
	donde te pueda servir.	

(*Vase* Narcisa.)

Deyanira	Si en sus vestidos tenía	2375
	Neso hechizo, que le hacia	
	amar, querer y sentir,	
	Vale, sí, es verdad, confío en él, es que a ve-	
	ces se pone de una forma que no le conozco,	
	tú me entiendes, ¿no?	

(Narcisa *deja el manto.*)

Máster 1	Eso es, Deyanira, muy bien. Parece que triun-
	fa el amor una vez más.

Sigue la historia:
Continúa por el verso 2379, escena 10

Escena 10

Sale toda la compañía con ramos, templo, gasa azul, HÉRCULES, *que trae puesto el vestido de pieles de* NESO.

HÉRCULES	Templo de Júpiter es.	
	Llegaré a darle las gracias	2380
	de la pasada, victoria	
	a Júpiter. Él me valga.	
	Ellos son; en esa nave	
	¡a qué buen tiempo llegaran!	
JASÓN	Altas cumbres del Oeta,	2385
TESEO	Noble columna africana,	
JASÓN	que sois descanso del sol,	
TESEO	que sois de la luna basa,	
JASÓN	decidme, si en vuestro centro	
TESEO	decid, si en vuestras entrañas	2390
JASÓN	vive el más noble caudillo.	
TESEO	el mejor varón se guarda.	

HÉRCULES Valientes amigos míos,
cuyo valor, cuya fama
os ha hecho árbitros nobles   2395
de toda la tierra y agua,
no el venir sin Deyanira
os cause desconfianza.
Llegad, llegad a mis brazos,
y a los suyos, que os aguardan.   2400

(HÉRCULES *se pone el manto de* NESO *para reci-
birles, si no lo lleva.*)

MEDEA ¡Oh, qué alegre es para mí
un día de dichas tantas!

HÉRCULES Vengáis con bien. Mas, ¡ay cielos!
Ya el sufrimiento no basta.
No llegues a mí, Jasón;   2405
Teseo, de mí te aparta;
que temo, que han de obligarme
a deshaceros mis ansias
entre mis brazos.

JASÓN   ¿Qué es esto?

TESEO ¿Qué te aflige?

ARIADNA   ¿Qué te cansa?   2410

DEYANIRA ¿Qué a tal extremo te fuerza?

MEDEA ¿Qué acción tan furiosa causa?

JASÓN   ¿Qué sientes?

HÉRCULES   Siento un ardor.

DEYANIRA   ¡O infelice y desdichada,
           que pienso, que he dado muerte   2415
           a quien más mi vida ama!

TESEO   ¿Dónde sientes el dolor
           desa congoja?

HÉRCULES   En el alma.
           Los vestidos me parece
           que me aprietan.

ARIADNA   Pues desata   2420
           la cinta.

TESEO   Quita esa piel.

JASÓN   Veamos, ¿qué tienes?

HÉRCULES   ¡Aguarda!
           que con el tosco vestido
           pedazos de carne arrancas.

MEDEA   Sangre de la hidra tienen,   2425
           esas pieles, que con tanta,
           fuerza se pegan al cuerpo,
           abrasando, hasta que matan.

DEYANIRA   La culpa tuvo mi amor,
           la pena tendrá mi alma.   2430

HÉRCULES	¡Huid de mí todos, huid!

PALES	Eso haré de buena gana.

HÉRCULES ¡Ay de mí! ¡todo soy fuego!
¡Ay de mí! ¡todo soy rabia!
Hércules muere rabiando, 2435
sin saber quién su mal causa.

TESEO No pudimos detenerle,
porque con el tacto abrasa.

JASÓN ¡Con qué denuedo se echó
en la hoguera!

DEYANIRA ¿Pues qué aguarda 2440
mi amor? Acendrado el oro
de mi fe en su fuego salga.
Yo a mi esposo di la muerte,
por dar vida a mi esperanza;
pero yo me vengaré 2445
con la más noble venganza.
Hércules, señor, esposo,
espera, detente, aguarda,
y la que en vida te amó
verás si en muerte te ama, 2450
ofreciéndote la vida
a ti, a Júpiter el alma.

ARIADNA ¡Detenedla!

(*Vase.*)

JASÓN   Fue imposible.

MEDEA   Aquí dan fin sus hazañas.   2454

Sigue la historia:
Continúa por la escena 12

Escena 12

Aparecen Hércules *y* Deyanira *entre humo y llamas junto como unas estrellas del rock.*

Hércules   ¿Esto no os lo esperabais?

Medea   ¿Qué?

Deyanira   No hemos muerto.

Hércules   Estaba todo preparado.

Teseo   ¿Cómo?

Jasón   No me lo puedo creer.

Hércules   Un año hablando de nosotros por todo el mundo, ¡muchas gracias!

Ariadna   ¿Ya no hablamos en verso?

Deyanira   Habéis estado estupendos. Hércules y yo hemos preparado todo esto.

Medea   ¿Pero, qué clase de...

Deyanira   Ni siquiera estamos juntos, a Hércules le gusta Jasón.

HÉRCULES   Es cierto.

(HÉRCULES *besa a* JASÓN.)

JASÓN   ¿Qué?

ARIADNA   ¿Y el viaje?

MEDEA   ¿Para qué te han buscado por todo el mundo?

DEYANIRA   Hemos llegado a tres continentes, ¿no es fantástico?

JASÓN   ¿Por qué?

DEYANIRA   La gente necesita historias, algo de qué hablar.

TESEO   ¿Nos habéis engañado?

DEYANIRA   ¿Qué importa si es real o no?

HÉRCULES   Esto es lo que querían.

JASÓN   Hemos arriesgado.

HÉRCULES   Esto es lo que han pedido.

DEYANIRA   Una fiesta.

HÉRCULES   Y se la hemos dado.

JASÓN   Y esperamos que el público lo haya disfrutado.

MEDEA   Esto es una comedia.

ARIADNA   Esto es una obra de Calderón.

TESEO   Y esta es nuestra corte esta noche.

NOCHE   Y en ellas fin el Poeta
da a la comedia, que llama
Los tres mayores prodigios   2455
de África, de Europa y Asia.
Por el deseo, siquiera,
que humilde tiene, sus faltas
perdonad; pues no pretende
dicha, ni merced más alta,   2460
que el perdón; ese merezca,
por pedirle a vuestras plantas.

Fin de la comedia.

Esta primera edición de *los prodigios*,
de Noelia Pérez, terminó de imprimirse
en enero de dos mil veinticuatro,
en Madrid